Grundeinkommen und seine Finanzierung

Brüne Schloen

Grundeinkommen und seine Finanzierung

Klimasolidarisch und menschenwürdig

2., überarbeitete Auflage

Brüne Schloen
Eigene Kanzlei +AGRADYN & Co.-Berlin
Berlin, Deutschland

ISBN 978-3-658-29302-4   ISBN 978-3-658-29303-1   (eBook)
https://doi.org/10.1007/978-3-658-29303-1

Die Deutsche Nationalbibliothek verzeichnet diese Publikation in der Deutschen Nationalbibliografie; detaillierte bibliografische Daten sind im Internet über http://dnb.d-nb.de abrufbar.

© Springer Fachmedien Wiesbaden GmbH, ein Teil von Springer Nature 2019, 2020
Das Werk einschließlich aller seiner Teile ist urheberrechtlich geschützt. Jede Verwertung, die nicht ausdrücklich vom Urheberrechtsgesetz zugelassen ist, bedarf der vorherigen Zustimmung des Verlags. Das gilt insbesondere für Vervielfältigungen, Bearbeitungen, Übersetzungen, Mikroverfilmungen und die Einspeicherung und Verarbeitung in elektronischen Systemen.
Die Wiedergabe von allgemein beschreibenden Bezeichnungen, Marken, Unternehmensnamen etc. in diesem Werk bedeutet nicht, dass diese frei durch jedermann benutzt werden dürfen. Die Berechtigung zur Benutzung unterliegt, auch ohne gesonderten Hinweis hierzu, den Regeln des Markenrechts. Die Rechte des jeweiligen Zeicheninhabers sind zu beachten.
Der Verlag, die Autoren und die Herausgeber gehen davon aus, dass die Angaben und Informationen in diesem Werk zum Zeitpunkt der Veröffentlichung vollständig und korrekt sind. Weder der Verlag, noch die Autoren oder die Herausgeber übernehmen, ausdrücklich oder implizit, Gewähr für den Inhalt des Werkes, etwaige Fehler oder Äußerungen. Der Verlag bleibt im Hinblick auf geografische Zuordnungen und Gebietsbezeichnungen in veröffentlichten Karten und Institutionsadressen neutral.

Lektorat/Plannung: Isabella Hanser
Springer Gabler ist ein Imprint der eingetragenen Gesellschaft Springer Fachmedien Wiesbaden GmbH und ist ein Teil von Springer Nature.
Die Anschrift der Gesellschaft ist: Abraham-Lincoln-Str. 46, 65189 Wiesbaden, Germany

Vorwort

Wir alle fühlen uns mehr oder weniger apokalyptischen Bedrohungen wie hilflos ausgesetzt. Zum einen der alle anderen Probleme überdeckenden Klimakatastrophe, zum anderen den Machtübernahmen semi-faschistoider Regime. Zugleich leiden unsere demokratischen Gesellschaften an Abstiegsängsten immer breiterer Bevölkerungskreise mit der Gefahr von deren tendenziellem Zerbröseln. Begleitet wird dies von Arbeitsplatzangst verbreitender Digitalisierung und befeuert durch algorithmisch verstärkte Hasstiraden verbunden mit Fake-News-Filterblasen im Bereich des mobilen Internets.

Gegen all diese Dystopien erweist sich die sogenannte politische Elite der noch westlich geprägten Gesellschaften als weitgehend überfordert. Immerhin scheint es außerhalb derselben charismatischen Aktivisten wie Greta Thunberg endlich zu gelingen, nach über 40 Jahren vergeblicher Wissenschaftsanmahnungen ernsthaftere Politikaktionen zur Umkehrung der verhängnisvollen Erderwärmung ins Leben zu rufen. Den dafür aufgeschlossenen Bevölkerungs- und Führungskreisen wird jedoch eines vielfach nur oberflächlich bewusst: Für wirksame und globale Abhilfen gegen den Klimawandel bleiben uns nicht viel mehr als allenfalls ein bis höchstens wenige Jahrzehnte Zeit. Das bedeutet optimistisch gewendet: Für die Umsetzung systemverwandelnder Gestaltungen muss sofort geklotzt und nicht, wie z. B. mit dem Klimapaket der BRD bisher geschehen, weiterhin gekleckert werden. Dies gilt nicht zuletzt für die dort veranlasste CO_2-Verbrauchsbesteuerung. Diese müsste laut nachfolgend begründetem Finanzplan mehr als € 300,-- pro Tonne CO_2-Verbrauch anstelle von nahezu wirkungslosen € 25,-- bis € 60,-- betragen.

Als Hauptursache für das umweltpolitische Kleckern auch in der BRD erweist sich immer deutlicher deren mangelhafte Solidaritätskultur. Das gilt sowohl für das Hartz-IV-System als auch für die gesamte deutsche Wirtschaftspolitik. Mit dieser lassen sich die überfällig notwendigen CO_2-Verteuerungen nicht genügend sozial abfedern. Letzteres vermögen auch nicht DIE GRÜNEN über deren Konzept einer sozial gestaffelten Rückerstattung obiger Öko-Steuereinnahmen zu leisten. Dieses Konzept ist viel zu intransparent und damit nur unzureichend kommunizierbar. So leisten ungewollt auch DIE GRÜNEN dem Risiko einer Fortschreibung der traditionell bevormundenden Sozial- und zögerlichen Insellösungspolitik weiterhin Vorschub. Dies birgt die Gefahr von zunehmender Klimaresignation mit dem Fazit: „Die Politik schafft es doch nicht (mehr)."

Dabei ist der zentrale Schlüssel für wirksame und nachhaltige Problemlösungen gegen obige Gefährdungen allen Parteien, leider nur vom Wortlaut her, seit langem bekannt. Dieser Schlüssel heißt **Bedingungsloses Grundeinkommen** (BGE). Weniger ist diesen allerdings bekannt: Allein auf dessen Grundlage lässt sich die von vielen Wissenschaftlern wie auch von DIE GRÜNEN geforderte Entkoppelung von Wachstum und Ressourcenverbrauch mit der dafür zwingend erforderlichen Klimasolidarität umsetzen. Letztere muss es nicht nur den Armutsgefährdeten, sondern darüber hinaus auch der sozial weniger privilegierten Bevölkerungsmehrheit erlauben, einen erheblich verteuerten CO_2-Verbrauch menschenwürdig verkraften oder auch substituieren zu können. Dafür hinreichend ist ein BGE nach der von mir nachfolgend begründeten Auffassung erst dann, wenn es alle Bedingungen für ein **substanzielles** BGE erfüllt. Dazu gehören neben einer wirksamen CO_2-Verbrauchsbesteuerung samt Zertifikatehandel.

- das fiskalisch kontrollierte Bedürfnisprinzip: Durch die in diesem Buch erläuterte Einkommensteuer-Reform wird nach dem Grundsatz der Leistungsfähigkeit der Besteuerten sichergestellt, dass die bedingungslos monatlich zu zahlenden, steuerfreien € 1500,-- letztendlich netto nur Einkommens-Bedürftigen zugute kommen;
- das Prinzip der Verteilungsgerechtigkeit: Zur BGE-Finanzierung dient als wesentlicher Teil des Gesamtreformplans eine Entzwergung der Erbschaftsbesteuerung. Diese soll eine nachhaltige Abschwächung der zusammenhaltgefährdenden Vermögenskonzentration sicherstellen.

Das nach obigen Prinzipien gestaltete, substanzielle BGE führt erst ab Jahreseinkünften von € 70.000 zu Mehrbelastungen an Einkommensteuer. Davon betroffene „Mehrverdiener" machen zusammen mit Belasteten aus Erbschaftsteuererhöhungen allenfalls 25 % der Gesamtbevölkerung aus. Mehr als die Hälfte der Gesamtbevölkerung erlangt dadurch trotz erheblich erhöhter CO_2-Verbrauchssteuern per Saldo sogar finanzielle Vorteile. Dies bedeutet umweltpolitisches Klotzen mittels sozialpolitischer „Kulturrevolution". Entgegen bisheriger Hartz-IV-Dogmatik durch ein Mehr an Selbstbestimmung, gelebter Solidarität und Menschenwürde. Und all dies trotz oder sogar gerade wegen der drohenden Klimaapokalypse.

Inzwischen (Winter 2020) widmen sich sogar Organe der überregionalen Presse der aktuellen Misere einer seit nahezu 30 Jahren immer mehr verzwergten Erbschaftsteuer. Letztere bringt es gerade noch zu einem Steueraufkommen von rund 1,5 % aller jährlichen Vererbungen mit einem Finanzierungsbeitrag von 0,9 % des Gesamtsteuervolumens. Diese Verzwergung wird von allen im Bundestag vertretenen Parteien schicksalsergeben und bis heute ohne Debattenantrag hingenommen. Auch die laut ihrer Eigendarstellung linksorientierten Parteien finden offensichtlich keine gemeinsame Einstellung gegen diese, zumindest nach deren eigenen Maßstäben, skandalösen

Fehlentwicklungen. Erklärend – nicht entschuldigend – mag den zuletzt kritisierten Parteien konzediert werden: Ihnen fehlte bisher zu überfälligen Reformen für eine verteilungswirksame Erbschaftsteuer ein so wirksames Narrativ wie die durch diese erst mögliche Finanzierung eines substanziellen Grundeinkommens. Vielleicht erkennen manche Parlamentarier wenigstens jetzt das synergetische Verhältnis zwischen substanziellem Grundeinkommen, verteilungsgerechter Sozial- und insbesondere nachhaltiger Umweltpolitik.

Ein substanzielles Grundeinkommen eröffnet zudem Freiräume für eine menschenwürdige Gestaltung künftiger Digitalisierungsprozesse. Dadurch können viele Menschen nachweislich kreativer, initiativer und beweglicher ihren Weg selbstbestimmt finden. Genau das sind besonders wichtige Voraussetzungen für eine konstruktive Digitalisierungsgestaltung – selbstredend getragen von einer auch inhaltlich die individuelle Entscheidungsfähigkeit entwickelnden, ständigen Weiterbildung.

Ferner ermöglicht ein substanzielles Grundeinkommen weitreichende Chancen für eine sozialere Gestaltung prekärer Arbeitsverhältnisse. Das betrifft vor allem Crowdworker, Solo-Selbstständige, Leiharbeiter, wie auch die mit befristeten Dienstverträgen ausgestatteten Personen. Insbesondere für diese werden über eine nach BGE-Einführung erst umsetzbare, assoziativere Gestaltungen ihrer Leistungsbeziehungen möglich. Das würde nicht nur die von den Arbeitgebern gewünschte Agilität derselben befördern. Vielmehr auch einen gesellschaftsrechtlich organisierten Solidaritätsfortschritt ermöglichen.

Dazu bedarf es mehr als jemals zuvor charismatischer Persönlichkeiten, welche zu einem problemgerechten Querdenken und politischem Vermitteln des nachfolgend entwickelten Plans befähigt sind. Letztere mögen diesem zunächst für die BRD zu einer parlamentarischen Mehrheit verhelfen. Sie mögen mit Herz, Charakter, Durchsetzungsvermögen und der notwendigen Cleverness auch gegen die zu erwartenden Widerstände von AFD, FDP, „Friday for Automobil" und anderen den Prozess der Klimaerwärmung umkehren helfen. Zugleich mögen sie als wesentliche Voraussetzung dafür unser Wirtschafts- und Sozialsystem so weit reformieren, dass ein weiteres Zerbröseln dieser Gesellschaft abgewendet werden kann.

Wilstedt   Brüne Schloen
im Januar 2020

Inhaltsverzeichnis

1	**Auseinanderdriften von Einkommen und Vermögen**	1
	1.1 Erbschaftsgeprägte Vermögenskonzentration	2
	1.2 Arbeitsanbieter immer Unterlegener	2
2	**Arbeitstransformation durch Digitalisierung**	3
	2.1 Es gibt auch Hoffnungsträger	3
	2.2 Risikenumwandlung in Chancen	4
	2.3 Anpassungsfähigkeit und Bildung	5
	Literatur	6
3	**Vormundschaftliche Armutsbekämpfung**	7
	3.1 Initiativlähmende Bevormundungen	8
	3.2 Sozialbürokratischer Tunnelblick	9
	Literatur	12
4	**Auseinandersetzungen um Bedingungsloses Grundeinkommen**	13
	4.1 Geschichtliche Debattenentwicklung	14
	4.2 Diskussionsstand in Deutschland	15
	4.3 Kulturkampf um Erwerbsarbeit	15
	4.4 Zweifel an der Finanzierbarkeit	17
	Literatur	18
5	**Menschenwürde und Selbstbestimmung**	19
	5.1 Verfassungsrechtliche Anforderungen	19
	5.2 Rechtsprechungstendenzen Richtung Grundsicherungsgarantie	20
	5.3 Keine Menschenwürde ohne Selbstbestimmung	20
	Literatur	21
6	**Betrachtungsebenen zu einem substanziellen BGE**	23
	6.1 Prinzipien-Ebene des BGE	23
	6.2 Standards zur gesamtgesellschaftlichen Einbettung	24
	6.3 Klimasolidarität erschließt Öko-Steuerquellen	25

6.4	Gesellschaftsvertragliche Grundlegung	26
6.5	Planarchitektur zum Paradigmawechsel	28
Literatur		30

7 Koordinaten eines ganzheitlichen Finanzplans ... 31

7.1	Berechtigtenzahl und Zuwendungshöhe	31
7.2	Krankenversicherung, Rentenbezüge und sonstige Rahmenbedingungen	32
7.3	Berechnung der Gesamtzuwendungen	34
7.4	Umwidmungen und Einsparungen beim Sozialbudget	34
7.5	Vorabüberblick zu den Finanzierungsquellen	35
7.6	Finanzierungsbeiträge durch Einkommensteuerreform	36
7.7	Wiederbelebung der Erbschaftsteuer	39
7.8	Haushaltswirksame Steuerstundungsfinanzierung	41
7.9	Umverteilungseffekte	42

8 Verteilungsneutrale und preiswirksame Besteuerungserweiterungen ... 45

8.1	Finanztransaktionssteuer	46
8.2	CO_2-Verbrauchsbesteuerung und Zertifikathandel	46
8.3	Synergiechancen und Finanzierungsgrenzen	47
Literatur		48

9 Impulse für globale Klimasolidarität ... 49

9.1	Abbau deutscher Welthandelsstörungen	50
9.2	EU-Impulse via steigender Binnennachfrage	51
9.3	Länderübergreifende Systemreformen	51
Literatur		53

10 Umsetzungsreife und Wandlungsbereitschaft ... 55

10.1	Cui bono	56
10.2	Bisheriger Zustimmungsmodus	57
10.3	Gegeninteressen und Disruptoren	60
10.4	Verdrängungen blockieren Gestaltungsmut	62
10.5	Anders als bisher – Dem werden Mehrheiten nur über Verheißungen folgen	63
Literatur		65

11 Grundsätzliches – Resümee ... 67

11.1	Inflationsfreies Grundeinkommen – soweit substanziell	67
11.2	Leistungs- und Solidaritätsbereitschaft	68
11.3	Anreize auch für sozialpolitische Schlafwandler	70
11.4	Ganzheitlichkeit statt Flickschusterei	72

	11.5	Zielsetzungsangst und Kampfmodus	73
	11.6	Erfahrungseinsichten überwinden Vorurteile	76
	11.7	BGE-Perspektiven für Kapitalismuswandel	77
	11.8	Vertrauenssetzung fördert Eigenverantwortung	78
	11.9	Wandel statt Chaos	79
	Literatur		81
12	**Epilog**		83

Abbildungsverzeichnis

Abb. 5.1	Menschenwürdige Solidarpraxis	21
Abb. 6.1	Synergetisches Basisniveau für demokratischen Zusammenhalt	27
Abb. 7.1	Einkommensteuererhöhungen	38
Abb. 7.2	Umverteilungs- und Umleitungseffekte	43
Abb. 9.1	Länderübergreifender Assoziierungsprozess	52
Abb. 10.1	Untersuchung zum BGE-Zustimmungsmodus	57
Abb. 10.2	BGE-Bekanntheit	58
Abb. 10.3	BGE Akzeptanzmessung	59
Abb. 10.4	Zustimmungsquote	59
Abb. 11.1	Fairere Einkommensverteilung	70
Abb. 11.2	Vertrautheitsabhängiger Zustimmungszuwachs	71
Abb. 11.3	Solidaritätsniveauvergleich	73
Abb. 11.4	Wandel oder Chaos – Worüber in naher Zukunft zu entscheiden ist	80
Abb. 11.5	Metamorphosen klimasolidarischer BGE-Bewegungen	81

Tabellenverzeichnis

Tab. 7.1	Berechnung der Gesamtzuwendungen	34
Tab. 7.2	Umwidmungs- und Einsparungsübersicht	35
Tab. 7.3	Steuererhöhungen und Zusatzsteuern zur BGE-Finanzierung	36
Tab. 10.1	Sonstige Einstellungswerte	60

Auseinanderdriften von Einkommen und Vermögen

Die OECD-Generalsekretärin Angel Gurría mahnte die Teilnehmer der OECD-Konferenz 2017 in Berlin vor den Gefahren der fortschreitenden Einkommensungleichheit. Diese habe trotz Beschäftigungsbooms den höchsten Stand seit 15 Jahren erreicht. In den abstrakten Kennziffern der Statistik wird laut amtlicher Dokumentation im Statistischen Jahrbuch der Bundesrepublik Deutschland, Jahrgang 2015, dazu gesagt:

a) Der Einkommensanteil der unteren 50 v. H. an Einkommensbeziehern sank von 30 % im Jahr 1960 auf 17 % im Jahr 2013.
b) Gleichzeitig erhöhte sich der Einkommensanteil der mehrverdienenden Oberen 10 v. H. von 32 % auf 40 % der Markteinkommen in der BRD.
c) Ebenfalls laut amtlicher Statistik ist die sog. *Armutsgefährdungsquote* in der BRD von 12,1 % der Gesamtbevölkerung in 1998 auf 16,7 % im Jahr 2014 angestiegen.

Was verbirgt sich hinter solchen Kennziffern und was sind die wesentlichen Einflussfaktoren dieser Fehlentwicklungen?

Eine der erkennbaren Spreizungsursachen kann in den steigenden Kapitaleinkommen zulasten von Arbeitseinkommen als Folgewirkung gesehen werden. Die eigentlichen Ursachen für diesen Effekt liegen jedoch in der Vermögenskonzentration, die verschiedentlich auch als Kapitalakkumulation beschrieben wird. So verfügt die

- untere Hälfte der deutschen Haushalte über weniger als 4 % des Gesamtvermögens,
- wohingegen die obere Hälfte aller Haushalte 96 % des Gesamtvermögens besitzen,
- während dem oberen Zehntel der Gesamtbevölkerung ungefähr 60 % des Vermögens gehört,

- wobei andererseits – insoweit vor allem eine Auswirkung der Lohnquotenminderung – die Reallöhne seit 1990 bei den unteren Verdienstgruppen um bis zu 50 % gesunken sind.

1.1 Erbschaftsgeprägte Vermögenskonzentration

In Fachkreisen ist unbestritten, dass die aufgezeigten Ungleichgewichte und die sich ständig weiter verschärfende Vermögenskonzentration ihre Hauptursache in Erbschaftsvorgängen haben. Bekanntlich war das Vermögen nach dem 1. Weltkrieg, wenngleich auf niedrigerem Gesamtniveau, gleicher verteilt. Noch viel mehr wirkte sich der 2. Weltkrieg bei weitgehender Vernichtung des Produktivkapitals nivellierend auf Vermögensunterschiede aus. Danach erst, beginnend mit dem sog. Wirtschaftswunder, konnten Familiendynastien bei relativem Zurückbleiben breiterer Bevölkerungsschichten am Gesamtwachstum überproportional partizipieren. Dieser Prozess setzt sich insbesondere mangels ausgleichender Erbschaftsbesteuerung (Statistisches Jahrbuch der Bundesrepublik Deutschland 2017) exponenziell bis heute fort.

1.2 Arbeitsanbieter immer Unterlegener

Ein weiterer – für die Einkommensentwicklung negativer – Änderungsfaktor ist der rückläufige Organisationsgrad der Anbieter von Arbeitsleistungen. Dieses hängt im Wesentlichen damit zusammen, dass sich die Beschäftigung vom verarbeitenden Gewerbe zunehmend auf Dienstleistungen verlagert. Dadurch haben viele (ehemalige) Fabrikarbeiter ihre tarifgesicherte, gut bezahlte Industriearbeit zugunsten schlechter bezahlter Dienstleistungsjobs mit weniger Tarifabsicherung aufgeben müssen. Aus all dem folgt eine sog. *Beschäftigungspolarisierung* dahin gehend, dass

- ein rückläufiger Anteil der Beschäftigten in unbefristeten industriellen oder zumindest industriegestützten und zugleich gewerkschaftlich wirksam vertretenen Arbeitsverhältnissen verbleibt;
- wohingegen sich ein immer größerer Anteil der sog. abhängig Beschäftigten in einer tariflich wenig gesicherten Beschäftigungslage in Dienstleistungsbereichen befindet.
- Zumindest die unteren 50 % der Einkommensbezieher müssen auch deshalb mit weiteren Verminderungen ihrer Realeinkommen rechnen. All dies fördert insgesamt eine Minderung der Lohnquote am Gesamteinkommen. Der damit wachsende Anteil der Kapitaleinkünfte verbleibt angesichts der vorgenannten Vermögenskonzentration bei einer relativ immer kleiner werdenden Bevölkerungsgruppe.

2 Arbeitstransformation durch Digitalisierung

Die aufgezeigten Einkommensspreizungen drohen sich durch die voranschreitende Digitalisierung zu verstärken. Inwieweit Letzteres auch für Deutschland zu Beschäftigungsrückgängen führt, bleibt umstritten. So könnten nach einer im Juni 2018 veröffentlichten Studie des Fraunhofer-Instituts durch Digitalisierung in Verbindung mit der E-Technik bei Automobilen von den derzeit 210.000 Arbeitsplätzen in der Antriebstechnik 100.000 wegfallen. Andererseits können in diesem Transformations- und Substitutionsprozess 25.000 neue Arbeitsplätze entstehen. Das betrifft wohlgemerkt nur die Antriebstechnik, nicht den für die Gesamtwertschöpfung viel wichtigeren Motoren- einschließlich Energiespeicher- bzw. Batteriebereich, wo insgesamt in jedem Fall mit höheren Arbeitsplatzverlusten zu rechnen ist.

2.1 Es gibt auch Hoffnungsträger

Neben obigen Bedrohungsperspektiven zur E-Mobilität profilieren sich derzeit auch Hoffnungsträger. Ein Beispiel dafür ist der Bosch-Konzern. Dieser macht laut seinen jüngsten „Keynote-Sessions" die größte Transformation seiner Firmengeschichte durch. Diese besteht sowohl in Produktinnovationen als auch Prozesssteuerungsnovationen. Alles soll auf die Erreichung von mehr Internetfähigkeiten hinauslaufen. Anstelle von Digitalisierung wird dies bei Bosch *Connectivity* genannt (so deren Chief Digital Officer, siehe brand eins 2018).

Connectivity steht dabei für die Fähigkeit, sich sowohl in technischer als auch sozialer Hinsicht zu vernetzen. Mit dieser Methode soll der traditionelle Autozulieferer zum *Connected Services Player* mutieren. Dafür macht der Konzern systematisch alle Produkte und Produktionsprozesse, die Elektronik enthalten, internetfähig und wird dabei zugleich neben einem Produktehersteller zum Dienstleister für Mobilitätsoptimierung (brand eins 2018).

Im Falle von Bosch bedeutet Digitalisierung also vor allem Innovation und Novation, all dies verbunden mit dem Versuch, Letztere über eine neuartige Organisation samt Firmenkultur umzusetzen. Ob sich dadurch auf Dauer die Anzahl der bisher rund 400.000 Konzernbeschäftigten erhalten oder ausbauen lässt, ist derzeit nicht abzusehen. Genauso wenig wie die keinesfalls abgestrittenen Gefahr, auf Dauer Beschäftigungsminderungen in Kauf nehmen zu müssen. Fest steht aber bereits heute, dass Kommunikations- und Lernprozesse innerhalb des Konzerns zu beschleunigen sind. Bereits heute tauschen sich vier oder fünf Kollegen aus unterschiedlichen Abteilungen ein Vierteljahr lang jede Woche eine Stunde lang im Netz oder auch persönlich aus, um voneinander zu lernen. Über neue IOT-Entwicklungszentren wird versucht, Ideen für neue oder verbesserte Bosch-Produkte und/oder talentierte Entwickler zu gewinnen.

2.2 Risikenumwandlung in Chancen

Für Bosch mögen die Chancen, aus dem erst in Fahrt kommenden Digitalisierungsprozess als Gewinner hervorzugehen, sogar noch größer sein als bei Siemens, SAP oder den vielen innovativen, mittelständischen Anlagenherstellern. Dennoch werden dadurch allein die anfangs angesprochenen Wertschöpfungsminderungen in dem für Deutschland bedeutenden Automobilsektor kaum ausgeglichen werden können. In diesem Zusammenhang sollte man auch die von Precht zitierten Studien (Precht 2018) berücksichtigen. Er bezieht sich dabei auf den Oxford-Professor Carl Frey sowie Barrie M. Osborne. Beide sehen es für die am weitesten entwickelten Länder der Erde als einschätzbar an, dass diese durch die Digitalisierung in den nächsten 25 Jahren per saldo rund 47 % ihrer Jobs verlieren. Selbst im IT-Bereich erkennen Osborne und Frey nur für wenige Hochqualifizierte einen Bedarf.

Ebenfalls kritisch sehen, neben Kaeser aus seinen Planungen für Siemens, auch andere Unternehmer und Konzernlenker die langfristigen Digitalisierungswirkungen auf Möglichkeiten zur Aufrechterhaltung der aktuell in der BRD (fast) erreichten Vollbeschäftigung. Aus seinen jüngsten Erfahrungen als Start-up-Begleiter und Innovationsberater glaubt Frank Theilen wie viele andere auch, „dass es eine Vollbeschäftigung […] bald nicht mehr geben wird" (Theilen 2018). Theilen fordert deshalb, schnellstmöglich mit Grundeinkommenseinführung zwecks Abwendung ansonsten drohender sozialer Verwerfungen zu beginnen (Theilen 2018, S. 279).

Andererseits ist noch nicht ausgemacht, welche Länder und Regionen von Digitalisierungstransformation besonders betroffen werden. Denn: Durch Digitalisierung können zumindest indirekt auch günstige Beschäftigungseffekte ermöglicht werden. Dieses gilt für Nordrhein-Westfalen zum Beispiel bei der Firma Gigaset mit seinem neuen Smartphone „GS 185". Es werden in Bocholt seit Neuem 8000 Mobiltelefone von dieser früheren Siemens-Tochter hergestellt. Dies sind seit zehn Jahren die ersten

Handys, die überhaupt in einer Fabrik in Deutschland montiert werden – Produktionen immerhin, die derzeit fast ausschließlich in Staaten wie China, Thailand oder Vietnam durchgeführt werden. Neu ist, dass in Asien erzeugte Produktionsteile nach einem Konzept von Gigaset-Designern in Bocholt montiert werden und 60 % der Wertschöpfung nunmehr auf Deutschland entfällt. All dieses ist nur möglich, weil über künstliche Intelligenz und Robotereinsatz nur noch wenig („teure") deutsche Arbeitskräfte benötigt werden und insoweit „Billigkonkurrenz" aus Asien die Vorteile besonderer Marktnähe in Deutschland nicht beeinträchtigt. Was bedeutet: Durch Digitalisierung können sich Produktionen zwischen einzelnen Ländern und über Kontinente durchaus verlagern. Es ist also sowohl im Negativen wie im Positiven Vieles möglich und langfristig schwer vorhersagbar.

Mit Bestimmtheit ist jedoch vorhersagbar, dass das fortschreitende Umwandeln analoger Werte in digitale Formate die Struktur der Arbeitsverhältnisse umfassend verändern wird. Eine dieser Änderungen lässt sich mit dem Stichwort *Agilität* beschreiben. Für Hightech- und überhaupt Produktionsunternehmen bedeutet dies zum Beispiel, dass bisherige Projektleiter vom *Befehlshaber* zum *Moderator* mutieren sollen. Auf der anderen Seite soll dieser Moderator auf Teampartner zurückgreifen können, die je nach Bedarf Aufträge erledigen (Hagelücken 2018).

Für diese agilen Mitarbeiter haben sich Bezeichnungen wie „Solo-Selbstständige" wie auch „Crowdworker" herausgebildet. Laut IG-Metall sollen inzwischen 2,3 Mio. sog. Solo-Selbstständige und rund 1 Mio. Crowdworker in außertariflichen Arbeitsverhältnissen tätig sein. Dass solche Strukturen durch Schrumpfung des Produktionsbereiches bei Anwachsen von Dienstleistungsbereichen zunehmen werden, daran haben sowohl die Gewerkschaften als auch Wirtschaft und Wirtschaftswissenschaften wenig Zweifel.

2.3 Anpassungsfähigkeit und Bildung

Der zuletzt angedeutete Wandel von starren Arbeitsstrukturen hin zu flexibler, eigenständiger Arbeit mit kreativen Freiräumen eröffnet Chancen, aber auch Risiken. Für alle, die sich eine selbstbestimmtere Arbeit wünschen, bedeutet Agilität und Flexibilität sicherlich eher Chance als Risiko. Inzwischen gibt es ein Start-up in Hamburg mit dem Ansatz „mehr Flexibilität für alle". Dieses vermittelt Jobs für diejenigen, die „im Betrieb arbeiten, wenn nötig, und von Zuhause aus arbeiten, wenn möglich". Was solchen Personen, wie auch immer mehr sonstigen Arbeitnehmern, fehlt, ist jedoch ein bevormundungsfreies und nichtdiskriminierendes System sozialer Absicherung. In dieser Richtung haben Gewerkschaften, aber auch Parteien bisher wenig soziale Fantasie entwickelt. So wurden auf dem jüngsten DGB-Kongress für Crowdworker ein gesetzliches Mindesthonorar gefordert. Hier darf die Frage erlaubt sein: Mit welchem bürokratischen Monster soll solcher Art Honorareinhaltung kontrolliert werden? So bleibt an dieser Stelle als Zwischenresümee festzuhalten:

- Die Digitalisierungsträger, gemeint sind die bisher als Arbeitgeber bezeichneten Unternehmen, verringern zulasten tarifgebundener Arbeitnehmerangebote ihre Mitarbeiterstruktur zunehmend über Solo-Selbstständige und Crowdworker sowie ähnliche Verhältnisse;
- Der Abbau tariflich gesicherter (Massen-)Produktionsarbeitsverhältnisse zugunsten marktlich wenig bzw. ungesicherter Vertragsverhältnisse im Dienstleistungsbereich hält unvermindert an;
- Dies alles geschieht vor der Kulisse von bedrohten Wertschöpfungsvolumina.

Mit dem zuletzt Gesagten steht nicht im Widerspruch, dass es unbestreitbar auch eine wachsende Arbeitsnachfrage nach bestimmten Dienstleistern gibt. Das gilt unbestreitbar für Heil- und Pflegeberufe, gleichermaßen auch für den Betreuungs- und Pädagogikbereich, ganz sicher auch für manche Wissenschaftssektoren. In einigen dieser Bereiche könnten Gewerkschaften vielleicht sogar einen höheren Organisationsgrad mit verbesserten Vergütungsregelungen erreichen. Für all dies besteht Einigkeit bis heute darin, dass ein notwendiges Instrument zur Problembewältigung in mehr und vor allem besserer Bildung besteht. Zum „Wie" ist seitens der Politik allerdings wenig zu hören. Deren diesbezügliche Undifferenziertheit wird insbesondere auch von Precht zu Recht kritisiert.

Mit welcher Art von Bildung die Bereitschaft zur Aufnahme von bisher Unbekanntem, rasches Einfühlungsvermögen in neue Verhältnisse und nicht zuletzt Systematisierung, Ordnung, aber auch Umsetzung mehr als bisher erreicht werden soll, davon hört man allerdings auch in Medien relativ wenig. Noch weniger wird über Instrumente zur sozialen Abfederung von Digitalisierungsauswirkungen geredet. Im Gegenteil: Als Anregung zu permanenter Weiterbildung und eigenverantwortlicher Anpassung wirken die aktuellen Sozialsysteme – wie im Folgenden auszuführen ist – eher kontraproduktiv.

Literatur

Hagelücken, A. (2018). Frei wie ein Vogel – Oder vogelfrei? *Süddeutsche Zeitung*, Nr. 92.
Precht, R. D. (2018). *Jäger, Hirten, Kritiker – Eine Utopie für die digitale Gesellschaft*. München: Goldmann.
Theilen, F. (2018). *Startup-dann*. Hamburg: Murmann Publishers-Selbstverlag.

3 Vormundschaftliche Armutsbekämpfung

Das aktuelle System der Armutsbekämpfung ist keinesfalls auf Hilfen zur Selbsthilfe hinsichtlich der zuletzt skizzierten Digitalisierungsherausforderungen ausgerichtet. Dafür gibt es auch historische Gründe. Das System wurde nämlich bereits ab 2003 in der sozialdemokratisch geführten Regierung und deren Bundestagsfraktion diskutiert und zunächst als Teil der AGENDA 2010 konzipiert. Es wurde aus dem von den früheren CDU-Regierungen entwickelten, haushaltsbezogenen System von beschäftigungsbezogenen Kollektivunterstützungen eines sogenannten Sozialstaates weiterentwickelt. Diese systemverhaftete Weiterentwicklung eines schon damals überholten Systems einer Vollbeschäftigungsmaximierung wurde im Jahre 2005 als Gesetzespaket verabschiedet. Dies geschah also, bevor das Thema Digitalisierung und damit auch soziale Anpassungsoptimierung auf dem Radarschirm der Politik auftauchte.

Nach den Zielen der Agenda 2010 sollte zum einen die damalige Arbeitslosenzahl von rund 4 Mio. auf die Hälfte zurückgeführt werden. Dies sollte durch eine weitreichende Flexibilisierung deutscher Unternehmen gegenüber Beschäftigungsschwankungen erreicht werden. Als Instrumente wurden einschneidende Befristungsalternativen im Arbeitsrecht sowie zusätzliche Möglichkeiten sogenannter „Leiharbeitsverhältnisse" eingeführt. Mag man sich mit diesen Instrumenten, wie auch hier geschehen, durchaus auch kritisch auseinandersetzen, so ist doch aktuell ein beachtlicher Erfolg dieses AGENDA-Teilbereichs in Form einer weitreichenden Vollbeschäftigung festzustellen. Dafür – und nur dafür – gebührt dem damaligen Kanzler Schröder ein beachtlicher Verdienst für die deutsche Volkswirtschaft. Seine Partei ist bis heute interessanterweise weder in der Lage noch bereit, diese Leistung ihres eigenen Kanzlers geschlossen und anerkennend zu vertreten.

Zum anderen beinhaltet die AGENDA 2010 eine Reform der bis dahin bestehenden Arbeitslosenvermittlung und -unterstützung sowie deren Zusammenführung und Vereinheitlichung mit dem übrigen Sozialrecht. Für diesen Projektteil der AGENDA 2010 hat sich die Bezeichnung *Hartz-IV* eingebürgert. Das inzwischen teilweise novellierte Hartz-IV-System steht mit dem sog. *SGB-II-Arbeitslosengeld* von Beginn an in intensiver Kritik. Dasselbe gilt für das im Jahr 2005 parallel eingeführte System der *Sozialhilfe* (SGB XII), welches sogenannten *nichterwerbsfähigen Personen Hilfe zum Lebensunterhalt* sowie eine *Grundsicherung im Alter bei Erwerbsminderung* gewährt. Diesbezüglich brachte der Namensgeber Peter Hartz bereits im Jahre 2007 vieles auf den Punkt, indem er kurz und bündig urteilt: „Herausgekommen ist ein System, mit dem die Arbeitslosen diszipliniert und bestraft werden" (Hartz 2007, S. 224).

Die dem Hartz-IV-System attestierten Missstände betreffen vor allem das Zusammenwirken von kostenträchtigen und teilweise extrem bürokratisch agierenden Behördenstrukturen mit demotivierenden und auch diskreditierenden Zielvorgaben.

3.1 Initiativlähmende Bevormundungen

Besonders initiativlähmend für Arbeitssuchende und belastend für diese sowie für erwerbsunfähige Sozialgeldempfänger sind die Prinzipien

a) des Eigenvermögenverbrauchs vor Hilfebeanspruchung
b) samt weitgehender Anrechnung von Hinzuverdiensten auf die (grundsätzlich beanspruchbare) Förderung.

So erhalten potenzielle Hartz-IV- sowie Sozialhilfeberechtigte erst dann Unterstützung, wenn sie zuvor ihr eigenes Vermögen bis auf einen Schonbetrag von 5.000,00 € verbraucht haben. Sie müssen also erst einmal *richtig arm* sein bzw. werden, bevor ihnen geholfen werden darf.

Zum anderen werden ihnen Zuverdienste – und sei es nur aus geringfügigen Beschäftigungen – zu 80 % auf die ihnen grundsätzlich zugebilligten Unterstützungen angerechnet. Kurz: Hartz-IV- oder Sozialhilfeempfänger werden nicht zu selbstbestimmter Jobsuche ermutigt. Im Gegenteil: Sie sollen sich in die ihnen vom Jobcenter zugewiesenen bzw. zugemuteten Arbeitsplätze einfügen. Eigeninitiative brauchen sie sich jedenfalls aus ihrer Armutssituation nicht zu befreien.

Schließlich ist die Fülle der insgesamt komplizierten Anerkennungs- und Förderungsrichtlinien des Hartz-IV-Regimes kritisch zu bewerten. Es gibt wenig Pauschal- und dafür eine Fülle von Einzelfallregelungen. Sie machen es der Mehrzahl der Unterstützungsbedürftigen schwer, sich ihrer Rechte zu vergewissern. Schon vor gut 2000 Jahren beherzigten weise Staatenlenker ein „summa jus est summa injuria".

Was (potenziellen) Leistungsempfängern nach Hartz-IV sowie Anspruchsberechtigten auf Sozialhilfe an bürokratischer Schikane und Bevormundung zugemutet wird, spiegelt uns eindrucksvoll ein von der SZ am 12. Mai 2018 dazu interviewter Rechtsanwalt. Dieser hat nach Bestehen der Hartz-Gesetze laut eigenen Angaben rund 5000 Rechtsstreitigkeiten mit Jobcentern bearbeitet:

SZ	**Was läuft in den Jobcentern Ihrer Erfahrung nach schief?**
RA W. Conradis	*Die Hartz-IV-Bescheide sind oft viel zu kompliziert, ... für den Laien unverständlich. Oft werden entscheidende Punkte nicht begründet, z. B. wenn die Miete nicht voll übernommen wird. Fast die Hälfte der Fälle, die wir hier machen, ist eigentlich überflüssig, weil die Bescheide fehlerhaft sind, weil wir die Ämter nicht erreichen können*
SZ	**Was waren ihre absurdesten Fälle?**
RA W. Conradis	*Ein Kind bekam über das Bildungspaket Geld für den Sportverein, wir forderten zusätzliche Fahrtkosten. Das Ganze ging bis zum Landessozialgericht, wegen weniger als 50 EUR im Halbjahr. Absurd sind auch die Untätigkeitsklagen*
SZ	**Worum geht es dabei?**
RA W. Conradis	*Das sind Fälle, bei denen das Jobcenter nicht innerhalb einer bestimmten Frist entscheidet*
SZ	**Gerechtigkeit für jeden Einzelnen zu schaffen führt zu absurden Prozessen?**
RA W. Conradis	*Ja, es wäre besser, leistungsstärker zu pauschalisieren, so wie es die Reformer und Peter Hartz auch ursprünglich vorgesehen hatten. Oft ist der Aufwand der Behörden größer als der Ertrag. Da wird um ein paar Euro Rückforderung prozessiert*
SZ	**Besteht auch bei den Sanktionen Reformbedarf?**
RA W. Conradis	*Auf jeden Fall. Es ist z. B. möglich, Hartz-IV-Beziehern [...] 30 % des Regelbedarfs zu streichen [...]. Bei Personen unter 25 Jahren sogar 100 %. Dieses halte ich für verfassungswidrig*
SZ	**Was läuft noch schief?**
RA W. Conradis	*Die Anreize, arbeiten zu gehen, sind falsch gesteckt. Viele haben einen Hundert-Euro-Job. Warum? Weil sie 100 EUR behalten dürfen. Was sie darüber hinaus verdienen, wird zu 80 % mit Hartz-IV verrechnet. Das kann doch nicht sein*

3.2 Sozialbürokratischer Tunnelblick

Für Hartz-IV sowie die Sozialhilfe sind die vorgenannten Jobcenter einerseits sowie Sozialämter andererseits zuständig. Dies sind sämtlich dezentrale Einrichtungen, für die aufsichts- und finanzierungsmäßig zum einen der Bund, zum anderen als Auftragsverwaltung die Länder und im Übrigen die Landkreise und kreisfreien Städte zuständig sind – Letztere insbesondere, was die Kosten der Unterkunft für die Bedarfsgemeinschaften nach Hartz-IV betrifft. Was dieses – gemessen an seinem Förderungsvolumen – monströse und schwer beherrschbare Behördensystem einschließlich dessen Koordinierungspersonal pro Jahr kostet, kann aus diesbezüglichen Zahlenangaben der statistischen Ämter wie auch der Deutschen Bundesbank allenfalls überschlägig geschätzt werden. Genauer kennen wir nur die Gesamtpersonalaufwendungen für Bund, Länder und Gemeinden für 2017/2015 laut Monatsbericht Oktober 2015 der Deutschen Bundesbank (https://www.haushaltsbesteuerung.de/weblog-personalausgaben; Bart A: Pro-Kopf-Personalausgaben der Gemeinden und Gemeindeverbände). Danach betragen die Gesamtpersonalaufwendungen insgesamt 250 Mrd. €. Nach einem davon abweichenden Erfassungssystem sind dies im Jahre 2017 für den Bund 31,8 Mrd. €, für die Länder 130,8 Mrd. € und für die Gemeinden 60,4 Mrd. €, zusammen also insgesamt 223 Mrd. €. Wir schätzen die Ausgaben für die zuletzt kritisierte Sozialbürokratie von Bund, Ländern, Landkreisen und kreisfreien Städten auf rund 25 % der obigen Gesamtpersonalausgaben. Das sind rund 62,5 Mrd. €. Setzt man diese Aufwendungen wiederum in das Verhältnis zu den gesamten Hartz-IV-Ausgaben von rund 40 Mrd. €, dann erhält man erste Anhaltspunkte zur Effizienzbeurteilung dieser Sozialbürokratie.[1]

Ein weiterer Beurteilungsmaßstab ist die Qualität der Jobcenter mit den daneben neu installierten Verwaltungsstrukturen. Mit der Qualitätsfrage unselig verflochten ist das von den Sozialdemokraten geprägte Dogma des *Forderns und Förderns*. Warum unselig – worin liegt das Problem?

Hierzu möge sich der werte Leser vor Augen führen, dass obige Jobcenter aus den früheren Arbeitsämtern hervorgegangen sind. Letztere waren bekanntlich nichts anderes als öffentlich-rechtliche Vermittlungsagenturen. Sie standen in Konkurrenz zu privaten Arbeitsvermittlern. In dieser Konkurrenz entwickelten sich die Arbeitsämter immer mehr zu Verlierern. Aktive Arbeitslose bemühten sich eigeninitiativ um neue Jobs. Die privaten Arbeitsvermittler arbeiteten motivierter und effektiver. Für Arbeitgeber lieferten sie häufig bessere Angebote und bemühten sich um diese viel mehr als die im bürokratischen Verwaltungsmodus agierenden Arbeitsämter.

Trotz dieses Defizits hatten SPD und später auch weitere Parteien keine Bedenken, bisherige Arbeitsamtsbeschäftigte für Kernsteuerungsbereiche ihrer Hartz-IV-Reformen einzusetzen. Sie bildeten – vereinfacht gesagt – die „Vorarbeitertruppe" für die neuen Jobcenter. Das Hauptproblem war nur: Die Jobcenter übernahmen nicht nur wie ihre Vorläufer Agenturfunktionen, sondern auch und insbesondere Prüfungs-, Anerkennungs- sowie Auswahl- und Trainingsfunktionen für das sogenannte „Fordern". Mit anderen Worten: Aus bisher einer Konkurrenz ausgesetzten Agenturen wurden dezentrale Mammutnetzwerke mit viel Macht über Arbeitssuchende. Netzwerke sind diese deshalb, weil neben dem Bund auch noch Länder, Landkreise und Gemeinden für die Jobcenter zuständig wurden. Die Folge: Die aus wenig effizienten, einstufigen Arbeitsamtsstrukturen hervorgegangenen mehrstufigen Bürokratienetzwerke mit großer *Verwaltungsmacht* waren durch den Bund kaum noch kontrollierbar.

Deshalb: Auch wenn viele Amtsträger der Jobcenter motiviert und auch qualifiziert sind, so wirken dennoch viele Center so, wie dieses oben von Rechtsanwalt Conradis für die SZ geschildert wird: Nämlich bürokratisch und pedantisch mit oftmals obrigkeitlicher Arroganz. Auf den Kern reduziert: kleinlich, schikanös und demütigend. Was hinzukommt: Trotz erheblicher Personalaufblähung und inzwischen stark rückläufigen

3.2 Sozialbürokratischer Tunnelblick

Arbeitslosenzahlen haben mitarbeitersuchende Firmen Schwierigkeiten, bei den Jobcentern überhaupt die für sie zuständigen Mitarbeiter zu erreichen.

Aufgrund der zuletzt beschriebenen Fehlentwicklungen fühlen sich viele Hilfsbedürftige und armutsgefährdete Personen *negativ abgestempelt*, sobald sie von ihrem sozialen Umfeld als *Hartz-IV-Empfänger* erkannt werden. Hinzu kommt für die weniger behördenaffinen Hartz-IV-Empfänger – und die gibt es durchaus neben den sogenannten *Hartzern* – dass sie sich dem Risiko einer für sie bedrohlich erscheinenden Behördenwillkür gegenübersehen. Dabei denke ich besonders an die vielen alleinerziehenden Mütter.

Dieses Hartz-IV-Desaster scheint von vielen Funktionären der SPD bis heute nicht als solches wahrgenommen zu werden. Das gilt nicht zuletzt für Martin Schultz, der trotz Hartz-IV glaubte, für seine Partei, ohne vollumfängliche und glaubhafte Neuorientierung einen Wahlkampf für soziale Gerechtigkeit gewinnen zu können. Für ihn schienen wie bei offensichtlich vielen seiner Genossen einschließlich der sogenannten Grundwertekommission die oben genannten Dogmen unangreifbar zu sein, ähnlich wie bei manchen Kirchenvertretern die Unangreifbarkeit päpstlicher Verkündigungen. So gesehen sollte es erlaubt sein, bei so manchem Genossen von einem Profan- oder Sozialkatholiken zu sprechen. Diese entwickeln verständlicherweise einen auf den Machterhalt der Sozialbürokratie begrenzten Tunnelblick. Das scheint selbst bei dem ansonsten eigenständigen und durchaus humorvollen Peer Steinbrück zumindest tendenziell der Fall zu sein, der in seinen jüngst erschienenen Anmerkungen zum „Elend der Sozialdemokratie" mit keinem Wort auf das zuletzt geschilderte Hartz-IV-Desaster eingeht. Vielmehr preist er die von ihm mitverantwortete Bundesrepublik als „wohlfahrtsstaatlich gut organisiertes Land" bei „Zufriedenheit der Bürger sowohl mit dem Zustand insgesamt als auch mit ihrer eigenen wirtschaftlichen Situation" (Steinbrück 2018, S. 28). Immerhin konstatiert auch er eine „Schieflage in der Vermögensverteilung", ohne deswegen auch nur im Ansatz solche Konsequenzen zu ziehen, wie in Kap. 7 vorgeschlagen werden.

Außerhalb der SPD geht die Suche nach Alternativen zum Hartz-IV-System inzwischen immer intensiver weiter. Dazu mehr in den folgenden Kapiteln.

Endnote

1. Die Sozialausgaben von Bund, Ländern und Gemeinden betrugen in den Jahren 2017/16 rund 337 Mrd. €. Davon leisteten
   – die Länder in 2016 laut Sozialbericht € 88,3 Mrd.
   – die Gemeinden in 2016 € 96,4 Mrd.
   – der Bund 152,4 Mrd. € (davon allein für Zahlungen an die Rentenversicherung 94,1 Mrd. €). Davon weicht allerdings der Sozialbericht der Bundesregierung laut Tabelle III ab, wonach der Bund 206 Mrd. € trägt.
   – Von den Ländern werden an Sozialleistungen in 2016 88,3 Mrd. € laut Sozialbericht getragen, von Gemeinden 96,4 Mrd. € für 2016.

Literatur

Hartz, P. (2007). *Macht und Ohnmacht. Gespräch mit Inge Kloepfer.* Hamburg: Hoffmann & Campe.
Steinbrück, P. (2018). *Das Elend der Sozialdemokratie.* München: Beck.

Auseinandersetzungen um Bedingungsloses Grundeinkommen

Unter bedingungslosem Grundeinkommen wird ein Einkommen verstanden, „das von einem politischen Gemeinwesen an alle seine Mitglieder individuell, ohne Bedürftigkeitsprüfung und ohne Gegenleistung ausgezahlt wird" (Vanderborght 2005). Dieses Konzept unterscheidet sich in der Tat radikal vom oben geschilderten Hartz-IV-System. Letzteres folgt noch einer in Wirtschaftswunderzeiten unter der Ägide der CDU entwickelten Auffassung von einem Sozialstaat als wichtigem Garanten für eine Soziale Marktwirtschaft. Der Sozialstaat gewährt keinesfalls – wie es ja das Konzept eines Bedingungslosen Grundeinkommens vorsieht – individuelle, lebenslängliche Versorgungsrechte ohne Anrechenbarkeit von Vermögen und sonstigen Einkünften des individuell Begünstigten. Nein: Der Sozialstaat gewährt auflagebedingte, befristete Kollektivrechte, so z. B. Versorgungsleistungen bzw. Zuwendungen an eine Familie, solange bestimmte Voraussetzungen im Sinne von Bedürftigkeitskriterien für diese vorliegen. Es handelt sich also jeweils um haushaltsbezogene Unterstützungen. Deshalb berühren z. B. insbesondere Ehescheidungen die Substanz solcher haushaltsbezogenen Kollektivansprüche.

Ganz anders verhält es sich beim Grundeinkommen. Auf dessen Höhe hat es keinerlei Einfluss, ob der (die) Begünstigte in einem Familien- und/oder Haushaltsverbund lebt oder nicht. Als Individualrecht ist das Grundeinkommen z. B. für alleinerziehende Mütter sehr viel sicherer als ein bedingtes Kollektivrecht mit den Tücken der Scheidungsgerichtsbarkeit. Beim Grundeinkommen haben und behalten die Kinder, ob die Eltern geschieden sind oder nicht, die den Kindern unmittelbar zustehenden Grundversorgungsansprüche. Ganz gleich, welcher Elternteil das Sorgerecht erhält.

Umsetzungsvorschläge für ein solches Grundeinkommen kommen verstärkt seit Beginn dieses Jahrhunderts aus nahezu allen politischen Gruppierungen und des Weiteren von Angehörigen der verschiedensten Berufsgruppen. Kritik dagegen wird weniger aus privilegierten Bevölkerungsschichten vorgetragen, vielmehr erfolgt eine offene Basisopposition zum Bedingungslosen Grundeinkommen beharrlich und nachhaltig aus den Reihen der deutschen Gewerkschaftsbewegung. Wegen deren politischer Verflechtung mit Funktionären der Sozialdemokratie zeigt sich zumindest die Grundwertkommission der SPD mit vielen Funktionären den Grundeinkommeninitiativen gegenüber zumindest reserviert (siehe dazu auch Blaschke 2007). Teilweise verhalten sich Funktionärskreise der SPD auch offen ablehnend – dies jedoch immer weniger als geschlossene Gruppe. Ähnliches gilt – wenngleich mit der bemerkenswerten Ausnahme von Frau Kipping – für DIE LINKE. Bevor ich darauf ausführlicher eingehe, soll vorab zum besseren Verständnis die geschichtliche Entwicklung der Idee eines Grundeinkommens skizziert werden.

4.1 Geschichtliche Debattenentwicklung

Eine garantierte Einkommensversorgung findet erstmals Erwähnung in dem Werk „Utopia" von Thomas Morus im Jahre 1516. Weiter ausgeführt wurde dessen Idee etwas später von seinem Freund Juan Luis Vives (1492–1540), der ein umfassendes Konzept für ein öffentlich garantiertes Mindesteinkommen für alle entwarf. Dieser knüpfte die Fürsorgeleistungen jedoch an die Arbeitsbereitschaft der Bedürftigen (siehe hierzu und zum Folgenden die Zusammenstellung durch Lajoie 2007).

Knapp 200 Jahre später fand die Idee des Grundeinkommens bei Thomas Paine (1737–1809) einen weiteren Vordenker. Dieser plädierte in seinem Werk *Agrarian Justice* für die individuelle Auszahlung einer Grund- und Bodendividende an alle, ohne jedwede Bedürftigkeitsprüfung und ohne Gegenleistung wie dafür zu erbringende Arbeit. Daran anschließend entwickelte Thomas Spence (1750–1814) in seinem Werk „The Rights of Infants" den Vorschlag, allen Einwohnern einer Gemeinde eine kontinuierliche Transferzahlung zukommen zu lassen. Diese Transferleistungen sollten durch Versteigerung der Nutzungsrechte der jeweiligen Gemeinde an allen ihren Immobilien finanziert werden. Auf den selbigen Prinzipien aufbauend forderte auch der französische Sozialphilosoph Charles Fourier (1772–1837) eine Grundversorgung für alle. Danach propagierte Joseph Charliers (1816–1896) die Auszahlung einer Bodendividende für diejenigen, die keinen Boden besitzen. Ebenfalls ein Anrecht auf eine Grundversorgung schlug John Stuart Mill (1806–1873) für jeden vor, unabhängig davon, ob er arbeitsfähig (arbeitswillig) ist oder nicht (zitiert aus Vanderborght 2005 wie auch Homepage des Basic Income Earth Networks http://www.etes.ucl.ac.be.bein.bi.history.blhtm).

Die nächste bedeutende öffentliche Debatte entzündete sich im 20. Jahrhundert ab Mitte der 60er-Jahre in den USA. Begründer dieser Debatte waren die Ökonomen und Nobelpreisträger Milton Friedman sowie James Tobin. In seinem Werk *Capitalism and Freedom* von 1962 befürwortete Letzterer die Einführung einer Negative Income Tax. Jeder, dessen Einkommen unterhalb des gewährten Steuerfreibetrages samt absetzbarer Sonderausgaben liegt, erhält Zuwendungen, unabhängig von Arbeitsgegenleistungen. Mit wachsendem Einkommen verringert sich der Zuschuss schrittweise. James Tobin verknüpfte dieses Konzept mit seiner Idee einer Besteuerung von Kapitalspekulationsgewinnen (Tobin-Tax), um die Armut in den USA zu beseitigen. Er plädierte für eine automatische Auszahlung eines „Demogrant" an alle Bürger und forderte im Gegensatz zu Friedman ein einheitliches Grundeinkommen ex ante auszuzahlen. Mit diesem Konzept scheiterte der demokratische Präsidentschaftskandidat George McGovern 1972 gegen seinen republikanischen Gegenkandidaten Richard Nixon.

4.2 Diskussionsstand in Deutschland

Seit Ende des letzten Jahrhunderts wird die Idee des Grundeinkommens auch in der bundesrepublikanischen Öffentlichkeit diskutiert. Zu dessen parteiungebundenen Befürwortern zählt der Leiter des Hamburger Weltwirtschaftsinstituts (HWWI), Prof. Th. Straubhaar. In besonderem Maße engagierte sich hierfür der Unternehmer Götz Werner. Dieser versucht vor allem, die Einsicht zu fördern, Arbeiten auch außerhalb des Erwerbarbeitsbereichs als sinnstiftend zu empfinden und ausführen zu können. „Mein Menschenrecht ist, zu leben. Und erst, wenn ich leben kann, kann ich auch arbeiten. Mit einem Grundeinkommen wird nicht die Arbeit bezahlt, sondern sie ermöglicht es erst."(Götz W. Werner im Interview mit utopia.de) Werner schlägt zur Zusammenfassung aller Sozialleistungen zu einem einzigen Grundeinkommen ein solches bedingungslos in Höhe von 1500 € im Monat vor. Für den Einstieg hält er einen Betrag von 700–800 € pro Monat für ausreichend. Dieses sei jedoch erst ab einem gewissen Alter zu zahlen. Kinder bekämen 300 € pro Monat, Rentner etwas weniger als Menschen im erwerbsfähigen Alter (Werner 2005).

Die übrigen zum Teil auch durch Parteien entwickelten sogenannten Grundeinkommenmodelle gehen von wesentlich niedrigeren Zuwendungen aus. Im Gegensatz zu Werner – auf den ab Kap. 7 noch einzugehen ist – bieten sie ein nachvollziehbares Finanzierungskonzept auf Grundlage des vorhandenen Steuersystems an. Da die zuletzt genannten Konzepte ein Grundeinkommen unterhalb der derzeitigen Hartz-IV-Höchstförderung vorsehen, werden sie von vielen Kritikern als unzureichend – von uns nachfolgend als *nicht substanziell* – eingestuft. Diese Kritik übernimmt auch Precht, der genauso wie Werner ein über Hartz-IV liegendes Grundeinkommen von mindestens 1500 € pro Monat fordert (Precht 2018).

4.3 Kulturkampf um Erwerbsarbeit

Die Abwehrhaltung der Gewerkschaften gegenüber der Idee eines Grundeinkommens macht sich auch an deren Ablehnung jedweder unbezahlten Arbeit fest. Schon 2006 hat der Chefökonom des DGB in einem grundlegenden Aufsatz den Grundeinkommenbefürwortern vorgeworfen, „die Ausfinanzierung von vermeintlich systembedingter Arbeitslosigkeit" zu betreiben (Dr. Hirsche D (06.08.2007) E-Mail zur Position des DGB

Bundesvorstandes – Grundsatzabteilung; zitiert aus Lajoie 2007). Er fährt fort: „Erst ein Mehr an sozialversicherungspflichtiger Beschäftigung verschiebt die sozialen Kräfteverhältnisse zugunsten der abhängig Beschäftigten und ihrer Interessenvertretung".

Zu weiteren Gewerkschaftskritikern eines Grundeinkommens zählte auch Michael Schlecht, Leiter des Bereichs Wirtschaftspolitik beim ver.di-Bundesvorstand. Er geht davon aus, dass ein Grundeinkommen von den Arbeitgebern als Argument für Lohnsenkungen genutzt werden würde und somit ein Kombilohn für alle, zur Freude der Unternehmer, Einzug halten würde (Schlecht 2007, S. 11).

Stellungnahmen von Gewerkschaftsvertretern gegen das Grundeinkommen blieben stets in deren Agenda, in jüngster Zeit verstärkt wiederum in Tageszeitungen (so auch in der SZ 2017/18) wie auch in Fernsehinterviews. Deren Einfluss spiegelt sich auch in der Reserviertheit prominenter SPD-Politiker, so der neue Minister für Arbeit, Hubertus Heil, mit dem Hinweis, man habe noch keine abschließende Einstellung zum Thema Grundeinkommen. Seine ersten Amtshandlungen geben unverändert als Leitziel „Wiedereingliederungen in bezahlte Beschäftigungsverhältnisse" vor. Das ideologisch verfestigte Dogma der allein sinnstiftenden Erwerbsarbeit verfestigt immer noch den bereits beschriebenen „sozialkatholischen Tunnelblick" der SPD. Sie pflegt weiter ihre dogmatische Verkettung von Vollbeschäftigung mit dem obrigkeitlich exekutierten Vermittlungszwang des sogenannten „Förderns und Forderns". Diese Methode meint Minister Heil auch noch im Zeitalter der Digitalisierung sogar zur nachhaltigen *Eingliederung* von Dauerarbeitslosen in Erwerbsarbeitsverhältnisse nachhaltig exekutieren zu können (so Arbeitsminister Hubertus Heil in einem ZDF Interview im Frühjahr 2018).

Ich betrachte es als Verdienst von Precht, auf die Überholtheit der zuletzt skizzierten Ideologie aufmerksam zu machen. Er sieht für alle „die befreienden und inzwischen realistischen Lebensperspektiven, [die] langweilige und einförmige Arbeit [...] Maschinen zu überlassen [...]". Er fordert, den Menschen die Möglichkeit zu verschaffen, „einem Leben als freie Gestalter ihres Charakters, als unabhängige Regisseure des eigenen Films und erfüllt in tätiger Sorge um sich und die anderen [nachzugehen]" (Precht 2018, S. 102). Vor allem sieht Precht im Unterschied zu den Gewerkschaften die voranschreitende Digitalisierung als Chance. Genau diese eröffne „den unschätzbaren Vorteil, nicht mehr für Geldlohn arbeiten zu müssen [...] – schon die antiken Griechen hatten davon geträumt. Zwar musste der freie griechische Mann nicht arbeiten, [...] ebenso wenig wie freie Ägypter, Perser, Thraker [...] aber dafür die Ausländer und vor allem Sklaven." Dazu zitiert Precht Aristoteles, der schon vor über 2000 Jahren sagte:

> *Wenn jedes Werkzeug auf Geheiß oder auch vorausahnend das ihm zukommende Werk verrichten könnte, wie des Dädalus Kunstwerke sich von selbst bewegten, oder die drei Füße des Hephästus aus eigenem Antrieb an die heilige Arbeit gingen, wenn so die Webschiffe von selbst webten, so bedürfte es weder für den Werkmeister der Gehilfen noch für die Herren der Sklaven.*

Und so schlussfolgert Precht: Nicht nur der Möglichkeitshorizont der Politiker, sondern auch der der Wirtschaftswissenschaftler wird „fast immer vom Status quo bestimmt.

Etwas anderes haben sie in ihrem Studium auch nicht gelernt und für Visionäres ist in ihren unzähligen Fachpublikationen kein Raum. So schaffen viele von ihnen das Kunststück, trotz aller gewaltigen Umbrüche seelenruhig davon auszugehen, Arbeit, Beschäftigung und Gesellschaftsstruktur blieben in den nächsten Jahrzehnten weiterhin mit der heutigen Zeit vergleichbar. Ohne einen großen Eingriff in die bisherige Wertordnung der Arbeits- und Leistungsgesellschaft, die [bis heute] ihr Ideal von Tüchtigkeit an die Erwerbsarbeit bindet, wird es keinen neuen Gesellschaftsvertrag geben" (Precht 2018, S. 129).

4.4 Zweifel an der Finanzierbarkeit

Neben dem zwischenzeitlich verfestigten Dogma vom Primat der Erwerbsarbeit seitens Gewerkschaften, SPD und teilweise auch DIE LINKE bestehen als weiteres Einführungshindernis vor allem verbreitete Bedenken gegen die Machbarkeit eines Grundeinkommens. So wird die Finanzierbarkeit eines von uns als substanziell angesehenes Grundeinkommens in der Fachwelt – wenn auch überwiegend hinter vorgehaltener Hand – immer noch kritisch gesehen (so der frühere Leiter des IFO Instituts, Prof. Dr. Hans-Werner Sinn in einem ZDF Interview bei Markus Lanz im Frühjahr 2018). Auch in der breiten Öffentlichkeit, die mehrheitlich laut Befragungsaktionen für ein Grundeinkommen eingestellt ist, bestehen daran auch mangels positiven Voten anerkannter Ökonomen verständlicherweise Zweifel. Diese lähmen aus meiner Sicht nicht zuletzt das Engagement der ein Bedingungsloses Grundeinkommen tendenziell favorisierenden (Oppositions-)Parteien.

Solchen Zweifeln hat G. Werner (2005) mit seiner These, man könne ein substanzielles, Bedingungsloses Grundeinkommen über Verbrauchsteuern finanzieren, nicht gerade entgegengewirkt. Vielleicht liegt dem Ganzen bei Werner ein Missverständnis zugrunde. Zum einen glaubt er wie viele Volkswirte, keinesfalls jedoch alle Finanzwissenschaftler, dass Verbrauchsteuererhöhungen, soweit sie in gleicher Höhe wie Firmensteuerminderungen geschehen, preisneutral erfolgen können. Nur: Kann ihm diese Erkenntnis beim Problem der Finanzierung eines substanziellen Grundeinkommens weiterhelfen? Wie nachfolgend gezeigt werden kann: gar nicht!

Im Übrigen übersieht Werner wesentliche Akzeptanzvoraussetzungen zur Grundeinkommenseinführung. Zu diesen gehört die Einhaltung und wenn möglich Verstärkung des Prinzips einer ausreichenden Chancengleichheit bei akzeptabler Vermögensverteilung. Dass hier inakzeptable Defizite und damit Reformanforderungen für jedwede Grundeinkommenseinführung bestehen, dazu liefert Werner bisher keinerlei Hinweise. Dies hätte Werner, auch weil er sich anfangs auf Rudolf Steiner beruft, berücksichtigen sollen. Denn: Steiner hat genauso wie viele demokratisch orientierte Sozialisten vor ihm jedwede Vermögens- und Kapitalakkumulation durch eine vollständige Abschaffung des Erbrechts verhindern wollen (Steiner 2018, S. 52). Wenn Werner entsprechend der heutigen Stimmungslage nicht so weit wie Steiner in Anbetracht der damaligen Revolutionsversuche gehen will, dann bedarf sein Votum für eine tendenzielle Trennung von Arbeit und Einkommen in jedem Fall einer konzentrationsmindernden Besteuerungsflankierung.

Literatur

Blaschke. (2007). Grundeinkommen-Debatte in Deutschland – spannend wie nie zuvor, http://www.schweizattac.org/Grundeinkommen-Debatte.

Lajoie, P. (2007). *Gewerkschaften bedingungslos gegen Grundeinkommen?* Göttingen: Diplomarbeit University.

Precht, R. D. (2018). *Jäger, Hirten, Kritiker – Eine Utopie für die digitale Gesellschaft*. München: Goldmann.

Schlecht, M. (2007). Die Überflüssigen entsorgt. Die Tageszeitung, S. 11.

Steiner, R. (2018). *Die soziale Grundforderung unserer Zeit*. Dornach: Rudolf Steiner Verlag.

Vanderborght, Y. (2005). *Grundeinkommen für alle? Geschichte und Zukunft eines radikalen Vorschlags*. Frankfurt a. M.: Campus.

Werner, G. (2005). *Einkommen für alle*. Köln: Kiepenheuer & Witsch.

5 Menschenwürde und Selbstbestimmung

Die universellen Quellen für die zuletzt beschriebenen Auseinandersetzungen sind in der großen Französischen Revolution zu verorten, insbesondere in deren Forderung nach Brüderlichkeit (Solidarität) und Freiheit (hier: Selbstbestimmung). Darauf aufbauend finden wir dazu in Artikel 1 des Grundgesetzes sogar einen Rechtsanspruch auf staatlichen Schutz von individueller Menschenwürde. Zu dieser gehört nach dem sogenannten Sozialstaatsprinzip auch die Gewährleistung einer materiellen Grundsicherung nach den unten skizzierten Standards.

5.1 Verfassungsrechtliche Anforderungen

Viele Politiker, Journalisten und andere Bürger betonen immer wieder, wie sehr ihnen die Ausführungen in Artikel 1 des Grundgesetzes zum Schutz der Menschenwürde zu Herzen gehen. Den Gesetzestext haben dessen Verfasser bekanntlich in Anlehnung an Kant ausformuliert. Fordert Letzterer doch bereits vor 200 Jahren „den Menschen [...] und überhaupt jedes vernünftige Wesen [...] als Zweck an sich selbst, nicht bloß als Mittel zum beliebigen Gebrauche für diesen oder jenen Willen [...]" zu behandeln und zu schützen (Kant 1785, *Grundlegung zur Metaphysik der Sitten*). Weiter sagt Kant: „Was über allen Preis erhaben ist, mithin kein Äquivalent verstattet, hat eine Würde" (ebenda). Insoweit stellt er sich in die Tradition der Aufklärung, die sich teilweise die durch Paulus geprägte Aussage „[...] Es gibt nicht mehr Juden und Griechen, nicht Sklaven und Freie, nicht Mann und Frau; denn ihr seid Einer in Christus" (Galaterbriefe 29 f.) zu eigen macht.

In seinen vielen Urteilen zum Schutz der Menschenwürde ist eine Begründung zu finden, die für den Zusammenhang zwischen Grundeinkommen und menschenwürdiger Sozialpolitik Orientierung geben kann. Danach „[...] widerspricht [es] daher der menschlichen Würde, den Menschen zum bloßen Objekt im Staate zu machen […]. Der Mensch muss immer Zweck an sich bleiben; [das] gilt uneingeschränkt für alle Rechtsgebiete; denn die unverlierbare Würde des Menschen als Person besteht gerade darin, dass er als selbstverantwortliche Persönlichkeit anerkannt bleibt" (BVerfG 45, 187, 227 f.). Danach ist zu folgern, dass das Bundesverfassungsgericht zumindest vom Grundsatz her auch rechtlich absichern möchte, dass jedes Individuum im Wesentlichen autonom und frei darüber entscheiden möge, für wen, was und in welcher Form es arbeiten will.

5.2 Rechtsprechungstendenzen Richtung Grundsicherungsgarantie

In seinem jüngsten Urteil vom November 2019 zur teilweisen Verfassungswidrigkeit des Hartz-IV-Systems hat das Bundesverfassungsgericht im Kern bestätigt, dass

a) jeder Bundesbürger ein einklagbares Anrecht auf ein Existenzminimum hat. Dieses Anrecht besteht auch dann, wenn der so Grundsicherungsbedürftige vorher keine (Gegen-)Leistungen erbracht hat. Insoweit zumindest ist dieses Anrecht „bedingungslos".
b) Dementsprechend ist der Leitsatz des Hartz-IV-Systems eines „Forderns und Förderns", zumindest was ein sanktionsbewehrtes Fordern des Staates betrifft, verfassungswidrig.
c) Damit hat das Verfassungsgericht den Gesetzgeber faktisch auf die Notwendigkeit einer Systemreform verwiesen. Diese muss eine Grundsicherung ohne die bisherige Jobcenter-Bevormundung sicherstellen.

5.3 Keine Menschenwürde ohne Selbstbestimmung

Mit obiger, verfassungsrechtlich abgesicherter Grundsicherungsgarantie ist ein wichtiger Schritt zu einem bedingungslosen Grundeinkommen getan. Was noch fehlt ist der Wegfall jedweder Bedürfnisprüfung. Wie sich dies über das bisherige Einkommensteuerregime ohne Netto-Belastung des Sozialetats darstellen lässt, das mögen die Folgeabschnitte verdeutlichen. Allerdings geht es in diesen auch um Selbstbestimmung und diesbezüglich nicht zuletzt um die Fragen:

a) Möchte ich meiner Tätigkeit zusätzlich oder sogar vor allem einen gemeinnützigen Sinn geben? Dies im Zweifel (auch) über ehrenamtliche Arbeitsleistungen?
b) In welchem Umfang will ich überhaupt gegen Entgelt für andere tätig werden? Welches Zeitkontingent will ich für meine Familie oder für mich einsetzen?

Abbildungserläuterung:
Wie wichtig eine ausreichend unterlegte Solidarität und ein Mindestmaß an Solidarpraxis für den Zusammenhalt der Gesellschaft ist, das haben wir ausführlich zum Abschluss von Kapitel 6 ausgeführt. Jedenfalls fehlt es bei nicht ausreichend veranlagter und gelebter Solidarität an einem wesentlichen Baustein für ein *synergetisches Basisniveau*. Dieses Basisniveau sehe ich als notwendig für das Überleben eines demokratischen Systems an und verweise hierzu auf die anschaulichen Auseinandersetzungen in den USA.

Abb. 5.1 Menschenwürdige Solidarpraxis

Menschenwürdig können diese Fragen erst dann faktisch und damit frei entschieden werden, wenn

- alle Bürger mittels dem nachfolgend vorgestellten, substanziellen Grundeinkommen den nötigen Freiraum dafür erhalten
- und damit eine wesentliche Etappe zur Solidaritäts- und Freiheitseinforderung der großen Französischen Revolution Wirklichkeit geworden ist.

Eine solche Art gesellschaftsvertragliche Solidarität zum Schutz individueller Menschenwürde soll Abb. 5.1 veranschaulichen.

Literatur

Kant, I. (1785). *Grundlegung einer Metaphysik der Sitten*. Berlin: Verlag J.F. Hatknoch.

Betrachtungsebenen zu einem substanziellen BGE

6

Die Solidaritätsstiftung und die darauf die aufbauenden Schlüsselfunktionen eines **Bedingungslosen Grundeinkommens** bedürfen zu deren besserem Verständnis einer Darstellung auf zwei Ebenen:

- Zum einen der Prinzipienebene: Aus deren Betrachtung sollten sich die einheitlichen Herausstellungsmerkmale aus dem erschließen, was ansonsten oftmals kontrovers mit unterschiedlichen Philosophien, Standpunkten und teilweise auch Modellen veröffentlicht, vorgetragen und gefordert wurde;
- zum anderen der gesamtgesellschaftlichen Anspruchs- und Einbettungsebene: In dieser geht es insbesondere um die Höhe sowie um das Wie der BGE-Umsetzung, also die Art und Weise der BGE-Einflechtung samt diesbezüglicher Ausrichtung der gesamten Sozial- und Wirtschaftspolitik.

6.1 Prinzipien-Ebene des BGE

Zu den Prinzipien, Herausstellungsmerkmalen und den grundsätzlichen Unterscheidungskriterien des BGE zu andersgearteten Sozialkonzepten besteht in der Literatur weitgehende Übereinstimmung. So wird dort wie auch allgemein unter BGE ein System pauschalierter, staatlicher Zuwendungen an einen bestimmten Begünstigten Kreis verstanden. Die Zuwendungsgewährung erfolgt ohne Bedürfnisprüfung. Dementsprechend besteht ein individuelles und einklagbares Recht auf Zuwendungen zur jeweils gesetzlich bestimmten Höhe. Die in der Regel monatlichen Zuwendungen werden pro Person, unbeschadet von deren Haushaltszugehörigkeit und jeweiligem Familienstand gewährt. Diese Charakteristika machen den wesentlichen Unterschied des BGE zu allen bisher bekannten Sozialsystemen aus.

Bereits weniger zum Was als vielmehr zum Wie einer BGE-Ausgestaltung zählen die Fragen: Welcher Personenkreis zählt zu den Begünstigten (genannt: Zuwendungsempfänger)? Wie hoch sollen die Zuwendungen sein? Ab welchem Alter werden – ggf. in altersbedingt abgestufter Höhe – Zuwendungen gewährt? Gelten besondere Bedingungen für Pensionäre und Rentner?

6.2 Standards zur gesamtgesellschaftlichen Einbettung

Im Unterschied zur Prinzipienebene ist der Diskurs zur zweiten Ebene (= „Einbettungsebene") durch weitgehende Missverständnisse, Unklarheiten sowie Meinungsunterschiede bis zu widerstreitenden Ideologien geprägt. Letzteren begegnet man sowohl innerhalb der BGE-Netzwerke wie auch zwischen diesen und deren Kritikern.

Die von vielen Befürwortern und sogar Aktivisten genährten Unklarheiten betreffen insbesondere die Frage nach der Bedarfsgerechtigkeit des BGE. Hierzu schweigen die meisten derselben. Nur wenige BGE-Autoren beantworten verständlich die Grundsatzfrage: Soll der Millionär von einer BGE-Einführung gleichermaßen wie der Hartz-IV-Empfänger partizipieren? So kann es nicht verwundern, dass die meisten Kritiker im BGE ein sozial undifferenziertes Gießkannensystem sehen (wollen).

Letzterem ist entschieden trotz der Tatsache zu widersprechen, dass jedem Bezugsberechtigen zunächst ein gleich hoher Betrag ohne vorherige Bedürfnisprüfung gezahlt wird. Danach jedoch erfolgt im Rahmen der Einkommensteuer-Veranlagungen eine individuelle Bedarfsanpassung. Diese garantiert bei minimalem Verwaltungsaufwand für jedwedes substanzielle BGE einen besteuerungskontrollierten Netto-Standard. Der bedeutet konkret:

- Je geringer das steuerpflichtige Einkommen, umso mehr verbleibt vom vorausgezahlten BGE als Nettovorteil beim jeweiligen Empfänger;
- der Nettovorteil wird, wie zuletzt angedeutet, nicht bereits mit der jeweiligen Monatsvorauszahlung, sondern erst im Nachhinein durch die dieser folgenden Steuerveranlagungen dargestellt;
- das substanzielle Grundeinkommen errechnet sich danach zum einen aus einer bedingungslosen Vorauszahlung. Zum anderen aus einem gemäß dem Leistungsfähigkeitsprinzip mitveranlagten Finanzierungsbeitrag des jeweiligen Bedarfsberechtigten.
- Der Unterschiedsbetrag zwischen Vorauszahlung und diesbezüglichem Finanzierungsbeitrag stellt den individuellen Nettovorteil eines substanziellen BGE dar. Der Nettovorteil entspricht exakt der einkommensdefinierten Bedürftigkeit des jeweiligen Zuwendungsberechtigten.

Neben obigem Bedürfnisstandard gemäß einkommensdefinierter Leistungsfähigkeit muss ein substanzielles BGE zudem eine ausreichende Grundsicherung darstellen. Diese hat ein – wenn auch nur bescheidenes – Überleben zu ermöglichen. Dafür reicht nach meiner Einschätzung derzeit eine steuerfreie Monatszuwendung von € 1500,- pro Monat. Dementsprechend werde ich im Folgenden auf alle unter diesem Leistungsniveau liegenden Grundeinkommens-modelle nicht weiter eingehen.[1]

Über die genannten Bedürfnis- und Grundsicherungsstandards hinaus gehören für mich zum substanziellen BGE als dessen notwendige Standards die

- Verteilungsgerechtigkeit und die dadurch ermöglichte
- klimasolidarische Finanzierung.

Diese und die übrigen Standards bedingen sich gegenseitig. So ist der zuletzt genannte Bedürfnisstandard nur dann solide finanzierbar, wenn die übrigen Standards vollumfänglich innerhalb des politischen Erreichbaren umgesetzt werden. Vor allem anderen bedarf es einer konsequenten Bedürfnisgerechtigkeit. Anders gewendet: Bleibt es beim Gießkannenprocedere der Vorauszahlungsstufe, dann ist jedwedes substanzielle BGE unfinanzierbar. Aus diesem Grunde habe ich bereits oben die von G. Werner vertretene, ausschließliche Verbrauchsteuerfinanzierung als nicht zielführend kritisiert. Gleiches gilt für die von Precht vorgeschlagene Totalfinanzierung durch eine Finanztransaktionssteuer, die ebenfalls mangels Bedürfnisgerechtigkeit keinerlei Realisierungschancen eröffnet. Das in Kap. 7 vorgestellte Einkommensteuerregime auf Grundlage individueller Leistungsfähigkeit ist für die Sicherstellung von Bedürfnisgerechtigkeit unverzichtbar.[2]

Neben einem solchermaßen leistungsgerechten Einkommensteuer-Regime bildet erst eine entzwergte Erbschaftssteuer ein hinreichend tragfähiges Fundament zu notwendiger Verteilungsgerechtigkeit. Das gilt auch für ansonsten verfügbare Finanzquellen, die sich im Wesentlichen erst über die aus Verteilungsgerechtigkeit erwachsende Klimasolidarität erschließen.

6.3 Klimasolidarität erschließt Öko-Steuerquellen

Dass die Einführung des zuletzt definierten, substanziellen BGE zugleich ein hohes Niveau an Klimasolidarität ermöglicht, das dürfte vielen Lesern sofort einleuchten. Denn: Mit einem bedingungslosen und steuerfreien Transfereinkommen von € 1500,- pro Monat beweisen Gesellschaften eine beachtliche Solidaritätsbereitschaft. Genau diese, das wollen sich leider die Mehrheiten aller in der BRD vertreten Parteien immer noch nicht eingestehen, ist zur Abwendung der drohenden Klimaapokalypse zwingend erforderlich. Letzteres gilt insbesondere für die Umsetzung der dafür notwendigen und dementsprechend nachhaltig wirksamen CO_2-Verbrauchsbesteuerung.

All dies bringt auch der Potsdamer Klimaforscher Ortwin Rehn auf den Punkt, indem er sagt: „[…] aus der Rettung des Planeten wird nichts, wenn nicht auch für die Mittelschicht und darunter […] CO_2-reduzierende Verbrauchsbelastungen erschwinglich werden. […] kein Klimaschutz ohne Klimasolidarität." Ein substanzielles BGE ist dementsprechend der zentrale Schlüssel für jedwede wirklich ernsthafte Klimapolitik.

Die angedeuteten Schlüsselbeziehungen gelten aber auch umgekehrt. Denn: Ohne eine substanziell verbrauchswirksame CO_2-Steuer samt Einnahmen aus dem Öko-Zertifikatehandel ist das hier vorgestellte BGE nicht finanzierbar. Das gilt für Letzteres auch dann, wenn alle sonstigen, standardgerechten Besteuerungsmöglichkeiten – wie im Übrigen geschehen – im Rahmen des politisch Vorstellbaren ausgeschöpft werden.

6.4 Gesellschaftsvertragliche Grundlegung

Die Einführung eines substanziellen BGE samt klimasolidarischer Umweltpolitik stellt einen tief greifenden Paradigmawechsel dar. Dieser wiederum setzt eine rasche Überwindung des aktuellen Reformattentismus auch und gerade in der BRD voraus. Nur dann könnte vielleicht die weltweit vorherrschende Lähmung betreffend eine wirklich ernsthafte Ingangsetzung umweltpolitisch nachhaltiger Problemlösungen (Umwelt-Paralyse) aufgelöst werden.[3]

Freiwillig sind Gesellschaften bekanntlich zu einem solchermaßen ganzheitlichen und zugleich tief greifenden Paradigmawechsel nicht bereit. Aktuell könnte dies aber dennoch gelingen, nämlich aus Gründen der dramatischen, tatsächlichen Gefahrensituation. Zumindest den realitätsoffenen Bevölkerungskreisen stellt sich die drohende Klimaapokalypse als kulturelle Überlebensherausforderung für die gesamte Menschheit dar. Zu deren Bewältigung benötigt die BRD nicht weniger als einen neuen Gesellschaftsvertrag.[4]

Für einen solchermaßen problemgerechten Gesellschaftsvertrag mögen wir uns vorab für dessen Architekturentwicklung der universellen Menschheitsideale vergewissern. Bekanntlich sind diese vor allem Früchte der Großen Französischen Revolution. Es ist dies der weltweit bekannte Dreiklang nach Freiheit, Gleichheit und Brüderlichkeit (heute „Solidarität" genannt). Auf der Grundlage dieses synergetischen Dreiklangs einschließlich der bereits oben dargestellten Menschenwürde ist auch der überlebensnotwendige Paradigmawechsel zu vollziehen. Dafür gilt:

- Demokratien brauchen obigen Dreiklang in einem austarierten Synergieverhältnis.
- Grundsätzlich verstärken sich Freiheit, Gleichheit und Brüderlichkeit. Das gilt aber nur so lange, wie das nachfolgend skizzierte synergetische Basisniveau (= SBN) gewahrt bleibt. Das bedingt auch für die BRD, dass die deutsche Gesellschaft Solidarität im Gleichgewicht mit individueller Freiheit lebt. Das soll durch Abb. 6.1 verdeutlicht werden.

Da bis heute in Wissenschaft wie auch Politik der zuletzt skizzierte Dreiklang aus meiner Sicht nur unzureichend beachtet wird, erlaube ich mir zum besseren Verständnis dafür auszuführen:

6.4 Gesellschaftsvertragliche Grundlegung

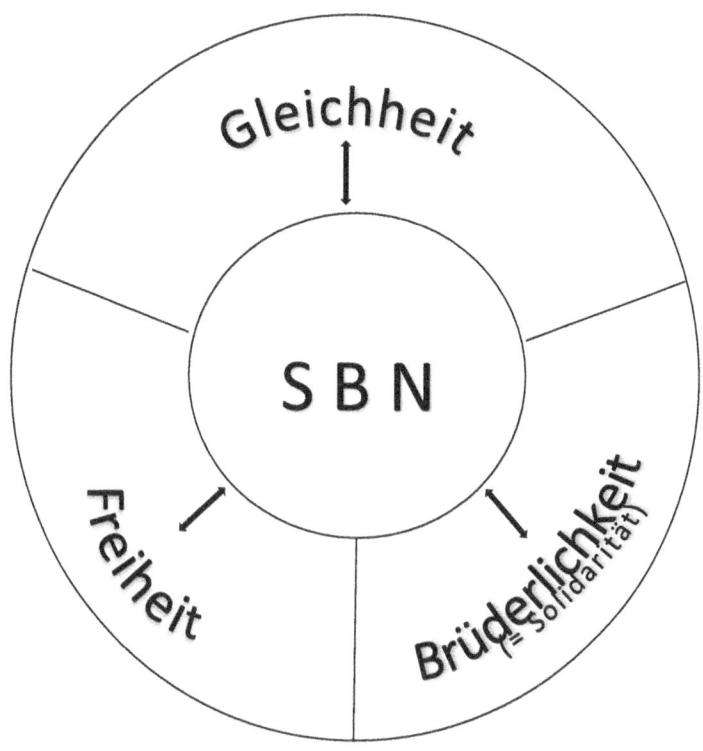

Abbildungserläuterung: SBN = Synergetisches Basisniveau

Ein synergetisches Basisniveau ist erst dann gegeben, wenn eine Mindestqualität an Freiheit, Gleichheit wie auch Brüderlichkeit (= Solidarität) in dem jeweiligen Staat lebt. Ohne ein derartiges SBN kommt es zu Desintegrationsprozessen und schließlich einem Zerbröseln der Gesellschaft.

Abb. 6.1 Synergetisches Basisniveau für demokratischen Zusammenhalt

- **Gleichheit** bedeutet im obigen Kontext *Gleichheit vor dem Gesetz*. Insofern steht dieses Prinzip für Rechtsstaatlichkeit. Die dafür erforderliche, staatliche Verfasstheit erfordert Gewaltenteilung mit einer unabhängigen Justiz und verfassungsgebundener Gesetzgebung. Dazu ist die BRD bis heute unbestritten auf gutem Wege.
- **Freiheit:** Während und im Jahrhundert nach der Französischen Revolution stand bekanntlich die Durchsetzung von Gedanken-, Rede- und schließlich Pressefreiheit im Vordergrund. Gefahren dafür drohen aber unverändert aus wirtschaftlicher Abhängigkeit sowie markt- und kapitalmäßiger Systembeherrschung. Neuerdings

kommt zudem die Pressefreiheit durch das Zeitungssterben nebst dem Vordringen von SOCIAL MEDIA und manipulativem Internet mit dessen zerstörerischen „Fake-News-Blasen" immer mehr unter Druck.
- **Solidarität:** Diesbezüglich sehe ich trotz jüngster SPD-Reformen und Systemänderungsbemühungen von DIE GRÜNEN zusammenhaltebedrohende Defizite auch in der BRD. Daran ändert auch der aufwendig erscheinende Sozialhaushalt wenig. Die trotz Verfassungswidrigkeit weiter praktizierte Bevormundung der Jobcenter mit deren „Fordern und Fördern" wirkt mit voranschreitender Digitalisierung weiterhin bevormundend und dadurch entsolidarisierend. Für die überlebensnotwendige Klimasolidarität muss also noch vieles grundlegend reformiert und verbessert werden.

Der oben geforderte Paradigmawechsel für ein überlebensnotwendiges, synergetisches Basisniveau erfordert sofortiges und ganzheitlich orientiertes, strategisches Handeln. Dafür bedarf es vorab eines – bei DIE GRÜNEN allenfalls abstrakt erkennbaren – großen Plans. Für diesen möge die hier entwickelte Planarchitektur einen Orientierungsbeitrag liefern.[5]

6.5 Planarchitektur zum Paradigmawechsel

Weit entfernt von jedweder Einsicht, geschweige denn Bereitschaft zum geforderten Paradigmawechsel wird aktuell unvermindert die geschilderte Vermögenskonzentration und Einkommensspreizung demütig und schicksalsergeben hingenommen. Die jüngst von der SPD beschlossene Reaktivierung der Vermögenssteuer stellt kein wirksames Mittel gegen diese Fehlentwicklungen dar.

So wächst die Angst vor Altersarmut. Hinzu kommt ein wachsendes Unbehagen bezüglich der im zweiten Kapitel diskutierten Digitalisierung. Als ob das noch nicht genug wäre: Die vorgenannten Verunsicherungsprozesse werden begleitet von dem Gefühl eines Ausgeliefertseins gegenüber den Gefahren des Klimawandels. Hinzu kommen die Auswirkungen des unüberschaubaren weltweiten Migrationsprozesses. All diesen Prozessen gegenüber scheint die Politik immer mehr Bürgern auch durch den Malus des völlig unzureichenden Klimapakets weder genügend mutig noch strategisch wirklich handlungsfähig zu sein. All dies befördert bei nicht wenigen Mitbürgern eine zumindest unterschwellige Zukunftsangst.

Wohin solcher Art Dystopien führen, zeigt auch das Vordringen der AfD. Mit diesem wurde der Begriff *Autoritäre Bewegungen* wie auch *Populismus* zur Standardvokabel. Inzwischen haben ähnliche Bewegungen die Herrschaft über Polen und Ungarn übernommen. Daneben entstand das Phänomen Donald Trump in den USA. Den Zusammenhang mit der BRD bringt der Journalist Andreas Zielcke in der SZ wie folgt auf den Punkt:

[Im restlichen Europa, soweit dieses noch nicht von autoritären Parteien dominiert wird], tut kein Regierungschef [mit Ausnahme von Macron] etwas […]; die extreme ökonomische Ungleichheit und dramatische Spaltung der Gesellschaften wird hingenommen wie eine Naturgewalt; die marode Infrastruktur löst Achselzucken aus wie auch der Wohnungsnotstand; an die Big-Data-Industrie, die außer Kontrolle geraten ist, wagt sich oder will keiner ran; und so fort (Zielcke 2018).

Zielcke appelliert dazu in seinem oben zitierten Artikel an das Verantwortungsgefühl demokratisch orientierter Politiker:

Nur zupackende Politik vermeidet Souveränitätsverluste. Schließlich behauptet nur der sich selbst, der all die wirtschaftlichen, technischen und demografischen Zäsuren, disruptiven Neuanfänge und Wenden so mitgestaltet, dass er nicht von ihnen überrollt wird. Lautet so nicht die Definition von Souveränität? Vorausgesetzt ist natürlich, dass liberale Demokratien sich in ihrem Staat politisch nicht mehr so beschämend kleinmachen, sondern sich wieder seiner bemächtigen (Zielcke 2018).

Fraglich ist indes, ob uns noch genügend Zeit für eine derart „zupackende Politik" über den oben skizzierten Paradigmawechsel verbleibt. Da ich Optimist bin, möchte ich dies im Folgenden mit einem kleinen und – wie ich hoffe – konstruktiven Beitrag beantworten. Dieser besteht in der ab Kap. 7 ausgeführten Planarchitektur für ein substanzielles Grundeinkommen. Ferner in dem ab Kap. 8 skizzierten klimasolidarischen Instrumentarium samt (endlich einmal) wirksamer und nachhaltiger Umweltpolitik. Mit beiden sollen zum einen zivilgesellschaftliche Aktivitäten dafür unterstützt werden. Zum anderen soll dies der interessierten Presse sowie problemaufgeschlossenen Parteien zum Diskurs und im günstigsten Fall zur Entscheidungsanregung dienen. Dafür setze ich voraus,

These I
dass für eine noch rechtzeitige Einleitung des oben skizzierten Paradigmawechsels (**Klimasolidarischer New Deal**) uns allenfalls noch zehn Jahre bleiben.

These II
Ein **Klimasolidarischer New Deal** ist EG-weit nur über eine Mit-Vorreiterrolle der BRD möglich.

These III
Ohne konkrete Gesetzesinitiativen zu einem substanziellen BGE wird in den nächsten 10 Jahren kein **Klimasolidarischer New Deal** auf den Weg gebracht werden.[6]

Endnoten
1. Das gilt auch für Th. Straubhaar mit seinem 2016/17 geforderten BGE in Höhe von € 1000,– pro Monat (in: Radikal gerecht. Wie das bedingungslose Grundeinkommen den Sozialstaat revolutioniert).
Diese unzureichende BGE Ausstattung wird zu Recht auch von Blaschke kritisiert Eine Kritik an Th. Straubhaar. https://grundeinkommen.de, uploads Straubhaar 2017/11).

2. Das Werner'sche Konzept ist schon wegen dessen extremer Preissteigerungswirkungen von weit über 100 % keinesfalls zielführend. Vielmehr würde eine reine Konsumsteuerfinanzierung des BGE wie ein Brandbeschleuniger zur Inflationswiederkehr wirken. Genauso wenig kann eine Finanztransaktionssteuer selbst bei vollständiger Erfassung aller spekulativer Transaktionen mit höchstmöglich denkbaren Steuersätzen ein substanzielles Grundeinkommen auch nur annähernd allein finanzieren helfen. Siehe dazu auch Kap. 8 sowie European Commission (2011). Financial Transaction Tax: Making the Financial Sector its Fair Share.
3. Statt überfälligem Fortschritt war auch die Weltklimakonferenz vom Dezember 2019 von einem aufreibendem Gefeilsche zwischen wirtschaftlich fortgeschrittenen Staaten und Entwicklungsländern geprägt. Von der hier geforderten Klimasolidarität sind wir demnach noch Jahre entfernt.
4. Was der Menschheit kulturell und wirtschaftlich bei einem „Weiter so wie bisher" vermutlich schon in wenigen Jahrzehnten unumkehrbar an Katastrophen droht, hat J. S. Foer (2019) in „Wir sind das Klima" eindrucksvoll veranschaulicht.
5. Beim Parteitag DIE GRÜNEN vom Oktober 2019 gab es weder Abstimmungen noch Diskussionen über konkrete Umweltsolidarität. Genauso wenig über systemische Marktreformen für eine wirklich nachhaltige Umweltpolitik Allerdings fanden diese dazu auch nur wenig Anregungen bei vordenkenden und zugleich prominenten Ökonomen. Das gilt selbst für Dennis Snower, der zu den angesprochenen Herausforderungen nur abstrakt und bisher wenig operational „einen sozial aufgeklärten und verantwortungsvollen Kapitalismus" propagiert (so in: Süddeutsche Zeitung Nr. 225 vom 28.09.1919, „Überleben mit System,…wie sich die Gattung Mensch überhaupt retten kann", Seite 26).
6. Mehr als der im Dezember 2019 von der EU-Kommission dem EU Parlament vorgestellte „Green New Deal" hätte ein „Klimasolidarischer New Deal" auch den beschriebenen, sozialen Paradigmawechsel zu befördern.

Literatur

Foer, J. S. (2019). *Wir sind das Klima*. Köln: Kiepenheuer & Witsch.
Straubhaar, Th. (2017). *Radikal gerecht. Wie das bedingungslose Grundeinkommen den Sozialstaat revolutioniert*. Hamburg: Körber-Stiftung.
Zielcke, A. (17. August 2018). Illiberale Demokratien, vormundschaftlicher Absolutismus versus (demokratischer) Politik. *Süddeutsche Zeitung*, Nr. 188.

Koordinaten eines ganzheitlichen Finanzplans 7

Die geschilderten *Grundeinkommen-Prinzipien* gelten auch für das nachfolgend vorgestellte substanzielle BGE bezüglich deren Alleinstellungsmerkmal von pauschalierten, staatlichen Zuwendungen. Diese werden zunächst an jede(n) der nachfolgend definierten Berechtigte(n) ohne jedwede Bedürfnisprüfung, also *bedingungslos,* im Voraus gezahlt. Erst im Nachhinein erfolgt über ein leistungsgerechtes, fiskalisches Veranlagungsverfahren eine individuelle Bedürfnisanpassung gemäß den in Kap. 6 beschriebenen Standards.

7.1 Berechtigtenzahl und Zuwendungshöhe

Für die dem nachfolgenden Finanzplan zugrunde gelegten Grundeinkommen schließe ich mich wie angekündigt den diesbezüglichen Vorschlägen von Werner und Precht an, die ein monatliches Einkommen für Vollberechtigte in Höhe von 1500,-- € als steuerfreie Zahlung fordern. Auf diese Zahlungen sind weder Anrechnungen noch Abzüge vorzunehmen. Das gilt sowohl für sonstige Einkünfte der Berechtigten wie auch für ihr Vermögen.

Einwohnern der BRD soll gemäß nachfolgendem Plan nur dann eine Zuwendungsberechtigung zuerkannt werden, wenn sie

- die deutsche Staatsbürgerschaft seit Geburt bzw. seit mindestens 2 Jahren besitzen,
- ihren Wohnsitz und/oder gewöhnlichen Aufenthalt seit Geburt bzw. mindestens einem Jahr vor erstmaliger Zuwendungsgewährung in Deutschland haben,
- nach Zuwendungsgewährung ihren Wohnsitz und gewöhnlichen Aufenthalt in Deutschland beibehalten.

Nach diesen Kriterien ermittele ich 72 Mio. Personen, die insgesamt für Zuwendungen in Betracht zu ziehen sind. Dieser Wert ist von 82,2 Mio. Gesamteinwohnern in der BRD abzüglich 10,6 Mio. in Deutschland lebenden Ausländern abgeleitet[1]. Wenngleich Letzteren kein bedingungsloses Grundeinkommen zusteht, so doch eine menschenwürdige Grundsicherung im Rahmen ihrer jeweils vorher nachzuweisenden Bedürftigkeit.

Von den genannten 72 Mio. Zuwendungsberechtigten unterscheide ich zwischen Vollempfängern, Rentenaufstockern und Kindern. Vollempfänger erhalten – unabhängig von ihrem Familienstand – vollumfänglich die vorgenannten 1500,-- € pro Monat. Vollempfänger sind von den Bezugsberechtigten diejenigen Personen, die älter als 14 und jünger als 68 Jahre sind. Dagegen zählen die über 67-jährigen *Rentenaufstocker* nicht zu den Grundeinkommenbeziehern. Anders dagegen gehören die unter 15-Jährigen als *Kinder* mit den unten definierten Staffelsätzen zu den Grundeinkommen-Bezugsberechtigten.

Rentenaufstocker erhalten – wie angedeutet – formell kein Grundeinkommen. Ihnen werden jedoch steuerfrei 1000,-- € pro Monat an sogenannter „Rentenabgeltung" gezahlt. Auch diese Abgeltungsvergütung erfolgt bedingungslos unabhängig von sonstigen Einkünften und Vermögen. Für den Fall, dass ihre gesetzlichen Renten und sonstigen steuerpflichtigen Einkünfte nachweislich unter 500,-- € pro Monat liegen, erfolgt antragsbedingt eine Aufstockung der pauschalen Rentenabgeltung bis zu maximal 1500,-- € pro Monat.

Für Kinder betragen deren Grundeinkommenszuwendungen im Durchschnitt 300,-- € pro Monat. Dafür gilt eine Altersabstufung, wonach Kinder von 11–14 Jahren 400,-- € pro Monat und zwischen 5 und 10 Jahren 300,-- € pro Monat erhalten. Dagegen erhalten die 1- bis 4-Jährigen 200,-- € pro Monat.

7.2 Krankenversicherung, Rentenbezüge und sonstige Rahmenbedingungen

Für den nachfolgenden Finanzplan gehe ich von unserem derzeitigen Krankenkassensystem aus. Dieses soll keineswegs heißen, dass ich unser jetziges Krankenkassenkonzept für fortschrittlich geschweige denn solidarisch halte. Vielmehr entscheide ich mich für dessen Beibehaltung aus Gründen der Vereinfachung und leichteren Verständlichkeit meine substanzielle BGE-Architektur.

Dementsprechend bleiben auch künftige Grundeinkommensbezieher und Rentenaufstocker entweder gesetzlich oder freiwillig krankenversichert. Die bisher gesetzlich geregelten Arbeitgeberzuschüsse zur Krankenversicherung gibt es zunächst weiterhin.

7.2 Krankenversicherung, Rentenbezüge und sonstige Rahmenbedingungen

Differenzierter verhält es sich mit der Fortführung des derzeitigen Rentenversicherungssystems. Für dieses entfallen nach Grundeinkommenseinführung sowohl die Zuwendungen des Bundes als auch der Zufluss von sog. *Arbeitgeberbeiträgen* zur Rentenversicherung. Der Rentenversicherung fließen dementsprechend nur noch die Beitragszahlungen von Pflicht- wie auch freiwillig Versicherten (weiter) zu. Dementsprechend sind alle Rentenansprüche für die Zeit nach Grundeinkommenseinführung neu zu berechnen. Sie sollten – so weit wie möglich – solidarisch neu strukturiert werden. Aus den noch zufließenden Beiträgen einschließlich Reserven der Rentenkassen dürften Monatsrenten von mindestens 500,-- € nach meiner überschlägigen Schätzung ohne Weiteres darstellbar bleiben.

Im Übrigen werden für die Grundeinkommenseinführung nur insoweit Änderungen des Steuer- und Sozialsystems vorgenommen, als dies vorstehend und nachfolgend bestimmt ist. Auch dies soll keinesfalls bedeuten, dass alle für den Finanzplan vorgenommenen Systemfortschreibungen als ideal, geschweige denn als abschließend betrachtet werden. Nur: Auch hierfür bereits an dieser Stelle Änderungen über das nachfolgend reformierte und erweiterte Steuerregime hinaus mit einzuplanen, würde das angestrebte, möglichst einfache Narrativ unnötig verkomplizieren. Dementsprechend werden für meinen Finanzplan lediglich Reformen des Erbschaftsteuerregimes (diese allerdings einschneidend) sowie ebenfalls einschneidende Reformen des Einkommensteuersystems nebst der Einführung einer zusätzlichen Finanztransaktions- und CO_2-Verbrauchsbesteuerung vorgenommen. In sehr geringem Maße kommen Änderungen der Umsatzsteuer durch Wegfall bestimmter Vergünstigungen hinzu. Alle übrigen Steuersysteme bleiben für die Finanzplanung *unverändert,* obwohl ich insbesondere das System der Gewerbesteuer, wie überhaupt dasjenige der gesamten Firmenbesteuerung, für nicht sehr effektiv halte. Aber auch hierfür soll dem Grundsatz der Überschaubarkeit für die Reformagenda Vorrang eingeräumt werden.

Zur Vermeidung von Missverständnissen sei nochmals hervorgehoben, dass mit dem substanziellen Grundeinkommen alle Sozialleistungen, wie sie derzeit in den Hartz-IV-Gesetzen einschließlich Abschnitt XII des Sozialgesetzbuchs geregelt sind, ersatzlos entfallen. Von einer Weiterbeschäftigung des hierfür aktuell beschäftigten Teils der Sozialbürokratie kann dementsprechend abgesehen werden. Die sozialdifferenzierten BGE-Zahlungen können viel effektiver über die bereits bestehende Steuerverwaltung im Rahmen der nachfolgenden Einkommen-steuer- und Erbschaftsteueränderungen geschehen.

Was auch nach Grundeinkommenseinführung als Teil einer staatlichen Sozialfürsorge weiterzuentwickeln ist, sind Behindertenunterstützungen, vormundschaftliche Betreuungsregelungen sowie andere sozialpsychologische Eingriffsregelungen und ähnliche Sonderbetreuungen. Diese sind nicht Gegenstand der mit Grundeinkommenseinführung aufzuhebenden Sozialgesetze. Ich halte es für wichtig, dass diese für die Sozialstandards der Bundesrepublik sehr wichtigen Fürsorgesysteme beibehalten und weiterentwickelt werden.

Tab. 7.1 Berechnung der Gesamtzuwendungen

		In Milliarden Euro
(a)	**47,6 Mio.** *Vollempfänger* erhalten jeweils 1500,-- € pro Monat, das ergibt pro Jahr	856
(b)	**14,0 Mio.** *Rentenaufstocker* erhalten pauschal 1000,-- € pro Monat. Dies gilt jedoch nicht für Beamte, die bereits als Pensionsberechtigte über mehr als 1500,-- € pro Monat an gesichertem Einkommen verfügen. Damit verbleiben 13,0 Mio. an *Rentenaufstockern* mit pro Jahr	156
(c)	**10,4 Mio.** *Kinder* erhalten im Durchschnitt 300,-- € pro Monat. (Die 11- bis 14-Jährigen 400,-- € pro Monat, die 5- bis 10-Jährigen 300,-- € pro Monat und die 1- bis 4-Jährigen 200,-- € pro Monat) – insgesamt	37
(d)	**Grundeinkommen- und pauschale Rentenabgeltungszahlungen** insgesamt pro Jahr	*1050*

7.3 Berechnung der Gesamtzuwendungen

Von den insgesamt 72 Mio. Zuwendungsberechtigten errechnen sich nach der vorstehend erläuterten Förderungsdifferenzierung die in Tab. 7.1 dargestellten Verpflichtungen der Gebietskörperschaften für Grundeinkommenszahlungen.

7.4 Umwidmungen und Einsparungen beim Sozialbudget

Für die Errechnung des gesamten Finanzplanbedarfs sind vorab sämtliche Hartz-IV-Einsparungen einschließlich bisheriger Rentenversicherungszuwendungen des Bundes von den Gesamtzuwendungen laut Tab. 7.1. abzuziehen. Abzuziehen sind ferner die anteiligen Personalausgaben der Gebietskörperschaften für Arbeitslosen- und Sozialverwaltung, welche den Hartz-V-Bereich und die Leistungsverwaltung nach Abschnitt XII des Sozialgesetzbuchs betreffen.

Der danach verbleibende Finanzbedarf von 837 Mrd. € wird durch eine Grundsicherungsabgabe aus Arbeitgeberbeiträgen zur Sozialversicherung von rund 93 Mrd. € auf rund 744 Mrd. € vermindert. Mit diesen Umwidmungen innerhalb sowie Einsparungen im Sozialbudget (Tab. 7.2) vermindert sich der oben errechnete Gesamtzuwendungsbedarf um gut ein Viertel. Für dieses Viertel wird von Niemandem ein Finanzierungsbeitrag abverlangt.

Tab. 7.2 Umwidmungs- und Einsparungsübersicht

		In Milliarden Euro	In Milliarden Euro
a)	*Grundeinkommen- und Rentenabgeltungszahlungen* pro Jahr:		1050,0
b)	Abzüglich *eingesparter Direktzahlungen* des Bundes für Hartz-IV- und Sozialleistungen *einschließlich* Rentenkassenzuführung (aus: Sozialbericht der Bundesregierung für 2016 – Statistisches Bundesamt-Fachserie 14, Nr. 7.1):	./. 152,4	
c)	Abzüglich eingesparter Sozialleistungen bei den Ländern und Gemeinden Diese sind in den statistischen Jahrbüchern 2016 mit 88,3 Mrd. € für die Länder und mit 96,4 Mrd. € für die Gemeinden angegeben. Laut diesbezüglichem Fakten-Check von DER SPIEGEL sind davon durch meine BGE-Architektur jedoch nur einsparbar	./. 55,6	
d)	Abzüglich Personaleinsparungen bei Jobcentern, Sozialämtern und sonstigen Sozialleistungsbediensteten bei Bund, Ländern und Gemeinden – laut Fakten-Check 2,5 % des Gesamtpersonalaufwands der Gebietskörperschaften von rund 223 Mrd. € (Armuts- und Reichtumsbericht der Bundesregierung, – Teil C- Tabelle II. S. 16–19)	./. 5,0	./. 213,0
c)	Abzüglich *Grundsicherungsabgabe.* Diese wird wie die bisherigen Arbeitgeberbeiträge von Letzteren bezahlt Dies habe ich mit 50 % der im Jahr 2010 insgesamt für die Rentenversicherten geleisteten Beiträge von 186 Mrd. € geschätzt (Geschäfts- und Rechenschaftsbericht der gesetzlichen Rentenversicherung, Bundesministerium für Arbeit und Soziales, Mai 2018)		./. 93,0
d)	Durch Grundeinkommen-begründete Mehrsteuern zu finanzierende BGE-Teile		744,0

7.5 Vorabüberblick zu den Finanzierungsquellen

Zu den Finanzierungsquellen zähle ich gemäß den bereits definierten Rahmenbedingungen die Einkommens-, Erbschafts- und Umsatzsteuer. Ferner die Finanztransaktions- und die CO_2-Verbrauchssteuer. Dagegen beziehe ich die Vermögenssteuer nicht mit ein, weil diese

Tab. 7.3 Steuererhöhungen und Zusatzsteuern zur BGE-Finanzierung

	Mrd. Euro	Mrd. Euro
Nach den Sozialetat-Umwidmungen laut Tab. 7.2. verbleibender Finanzbedarf		744
Abzüglich Einkommensteuererhöhungen – soweit belastungsneutral durch BGEVorauszahlung gedeckt – soweit umverteilungswirksam bei Mehrverdienern veranlagt	324 91	−415
Abzüglich Erbschaftssteuererhöhungen		−85
Abzüglich Finanztransaktionssteuer		−45
Abzüglich CO_2-Verbrauchbesteuerung samt Einnahmen aus Zertifikatehandel		−135
durch Umsatzsteuermehreinnahmen zu finanzierender Restbetrag		64

- gemäß Hochrechnung des IFO-Instituts mit der Annahme eines gegen viele Widerstände allenfalls verantwortbaren Steuersatzes von 1 % nicht mehr als 17 Mrd. € durch eine Vermögenssteuer generiert würden;
- wofür neben einem sehr hohen, zusätzlichen Verwaltungsaufwand auch mit einem teilweisen Steuerüberwälzungseffekt und deshalb negativen Preissteigerungseinflüssen zu rechnen ist,
- ohne dass diese Steuer – im Unterschied zur unten ausgeführten Erbschaftssteuer – einen nennenswerten Umverteilungseffekt auf die ungerechte Vermögensverteilung hat.
- Eine Tatsache, die inzwischen auch der frühere Finanzminister Peer Steinbrück laut mehreren in 2019 gegebenen Interviews erkannt hat; er empfiehlt zu Recht seiner Partei anstelle der Vermögenssteuer auf die Wiederbelebung der inzwischen verzwergten Erbschaftssteuer zu setzen. Mit dieser ist, wie nachfolgend begründet wird, ein fünffaches Mehrsteuervolumen gegenüber der Vermögenssteuer und dies mit einem sehr viel zielgenaueren Umverteilungshebel zu erzeugen.
- Leider ist ihm die SPD bei deren Parteitagsbeschlüssen im November 2019 nicht gefolgt. Faktisch – sicherlich ungewollt – betreibt sie damit Symbolpolitik.

Die zentrale Bedeutung einer BGE-begründeten Erhöhung der Einkommensteuer sticht deutlich aus der in Tab. 7.3 dargestellten Übersicht hervor.

7.6 Finanzierungsbeiträge durch Einkommensteuerreform

Genau so einfach wie ergiebig kann für die Finanzierung eines substanziellen BGE eine dafür gestaltungswirksame Reform der Einkommensteuer sein. Das möge durch folgende, gesetzestechnisch leicht handhabbare Änderungen des aktuellen Regimes geschehen:

7.6 Finanzierungsbeiträge durch Einkommensteuerreform

a) Der Grundfreibetrag entfällt vollständig.
b) Sonderausgaben und außergewöhnliche Belastungen können nur noch zu 50 v. H. angerechnet werden.
c) Für bis zu 12.000,-- € an steuerpflichtigem Einkommen gilt ein linearer Steuersatz von 30 v. H. Dafür sowie für übersteigende Einkommen wird das Splittingverfahren aufgehoben.
d) Von 12.000,-- € bis zu 50.000,-- € an zu versteuerndem Jahreseinkommen steigt der Steuersatz degressiv auf 50 v. H.
e) Von 50.000,-- € bis 100.000,-- € Jahreseinkommen steigt der Steuersatz nach anfänglich sprunghafter Erhöhung auf zunächst 52 v. H. degressiv auf 54 v. H. Dieser Satz bleibt ab 100.000,-- € zu versteuerndem Einkommen unverändert.
f) Ab 25.000,-- € zu versteuerndem Einkommen wird eine *Grundeinkommensumlage* von 10 v. H. der jeweils veranlagten Einkommensteuer erhoben.
g) Die Abgeltungs- bzw. Kapitalertragsteuer wird von bisher 25 v. H. auf 45 v. H. erhöht. Ferner wird die Steuerbefreiung für private Spekulationsgewinne aus dem Verkauf von Grundstücken aufgehoben.

Die aufgezählten Reformelemente würden folgende Mehrsteuern zur BGE-Finanzierung veranlassen, soweit diese nur der Gegenfinanzierung dienen:

- Mehrsteuern aus dem untersten Segment: Bis zu einem steuerpflichtigen Einkommen von 10.000,-- € werden im Unterschied zum aktuellen Regime schon ab 1,-- € an Einkünften Steuern mit 30 v. H. Eingangssteuersatz erhoben. Aufgrund des Wegfalls der oben genannten Freibeträge tragen mit diesem Steuersatz erstmals nahezu alle Steuerpflichtigen zur Gegenfinanzierung bei. Dadurch ist der Mehrsteuereffekt aus diesem Segment trotz dessen moderaten Eigangssteuersatzes sehr hoch. Im Durchschnitt dürften von den 42 Mio. an Einkommensteuerpflichtigen etwa 38 Mio. für die ersten 10.000 voll mit 30 % veranlagt werden. Diese Schätzung ist konservativ, weil sich die Zahl der Steuerpflichtigen wegen des Wegfalls obiger Freibeträge samt Aufhebung des Splittingtarifs nicht unwesentlich erhöht. Es sind demnach 10.000,-- € mit 38 Mio. und sodann 30 % zu multiplizieren. Dies ergibt ein Mehrsteuervolumen von 134 Mrd. €. Diese Mehrsteuern dienen ausschließlich der Gegenfinanzierung, da die für dieses Segment veranlagte Steuer mit 3000,-- € pro Steuerpflichtigen immer noch um 15.000,-- € unter dessen BGE-Einnahmen liegt.
- Mehrsteuern aus dem zwischen 10.000,-- € und 30.000,-- € liegenden Einkunftssegment: Ab 12.000,-- € an steuerpflichtigen Einkünften erhöht sich der Steuersatz anfänglich relativ sprunghaft von 30 % auf mehr als 40 v. H. Er steigt dann degressiv weiter auf 50 v. H. ab einem steuerpflichtigen Einkommen von 50.000,-- €. Mit der dafür zu ändernden Progressionsformel des § 32a des Einkommensteuergesetzes sollte die durchschnittliche Mehrprogression für dieses Einkommenssegment 21 % betragen. Damit errechnen sich bei durchschnittlich 25 Mio. an

Einkommensteuerpflichtigen Mehrsteuern aus diesem Segment von 105 Mrd. €. Auch diese Mehrsteuern dienen aus den in Ziffer (a) genannten Gründen ausschließlich der BGE-Gegenfinanzierung.

- Mehrsteuern zwischen 30.000,-- € und 70.000,-- € Bemessungsgrundlage: Für dieses Einkommenssegment beläuft sich die durchschnittliche Höherprogression zum aktuellen
Durchschnittssteuersatz auf rund 16 %. Betroffen davon sind neben den 12,6 Mio. der oberen 30 % an Einkommensbeziehern (=„Spitzenverdiener") nur noch im unteren Teilbereich betroffene mittlere Einkommensbezieher. Im Durchschnitt sind dies für das gesamte Segment rund 13 Mio. an Steuerpflichtigen. Das ergibt eine Mehrsteuer aus dieser Gruppe von 85 Mrd. €.
- Die für die Einkommenssegmente der Ziffer (a) bis (c) veranlagten Mehrsteuern überschreiten bei allen Betroffenen nicht die ihnen vorher zugeflossenen BGE-Vorauszahlungen von 18.000,-- € p. a. Dementsprechend sind diese Mehrsteuern nicht belastungswirksam. Deren Veranlagung dient der strikten Umsetzung des in Kap. 6 beschriebenen Bedürfnisstandards.

Belastungswirksame Einkommensteuererhöhungen werden erst für steuerpflichtige Jahreseinkommen von über 70.000 € veranlagt. Dies betrifft einen eher hälftigen Anteil der oben genannten 12,6 Mio. Spitzenverdiener. In etwa zahlt diese Spitzenverdiener-Gruppe rund 91 Mrd. € an belastungswirksamen Einkommensteuermehrsteuern. Dafür kommt vollumfänglich der in Abschn. 7.3 vorgegebene Höchststeuersatz von 54 % zur Anwendung. Mit diesem werden die vor mehr als 30 Jahren noch geltenden Spitzensteuersätze der Kohl-Ära nicht überschritten. Deshalb ist an dieser Stelle zu sagen:

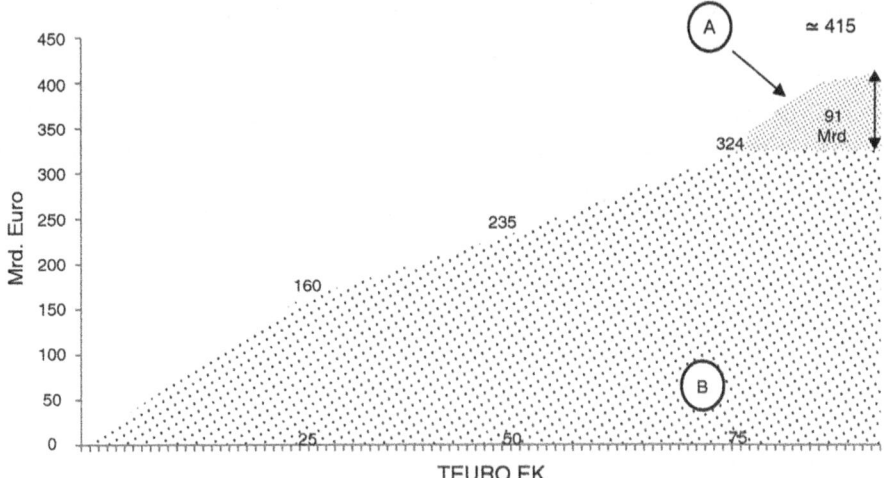

Abb. 7.1 Einkommensteuererhöhungen

7.7 Wiederbelebung der Erbschaftsteuer

a) Auch dieser Reformteil ist realistisch umsetzbar.
b) Zum besseren Verständnis von Mehrsteuergenerierung und diesbezüglichen Belastungswirkungen möge die Abb. 7.1 dienen.

7.7 Wiederbelebung der Erbschaftsteuer

Das aktuelle Erbschaftsteuerregime wurde, bildhaft ausgedrückt, im Laufe der letzten Jahrzehnte von der breiten Öffentlichkeit unbemerkt zu einem Torso verzwergt. Inzwischen liefert dieses Regime nur noch einen Finanzbeitrag von 0,9 % des Gesamtsteueraufkommens.[2] Überspitzt kann man sagen: Mit steigender Vermögenskonzentration hat sich das Erbschaftsteueraufkommen proportional vermindert. Dazu mögen wir uns nochmals vor Augen führen, dass heute 10 % der Gesamtbevölkerung insbesondere aufgrund von Erbschaften rund 60 % des Vermögens gehören.[3] Bei rund 400 Mrd. € an jährlichen Vererbungen nimmt der Fiskus gerade mal 6,1 Mrd. € an Erbschaftsteuer ein. Das sind rund 1,5 % der jährlichen Vererbungen zu Verkehrswerten bemessen.[4]

Fragt man nach den Ursachen der obigen *Systemverzwergung,* so sind dafür vor allem drei Gründe zu benennen, nämlich:

- veraltete und vor allem zu niedrige und deswegen seit über einem Jahrzehnt als verfassungswidrig abgeurteilte Steuerbemessungsgrundlagen. Dies betrifft vornehmlich die Bewertung von Grundstücken und überhaupt von Immobilien,
- ausufernde Steuererleichterungen: Letzteres betrifft insbesondere die Vererbung von Unternehmen bzw. Unternehmensanteilen nach den §§ 13 f ErbStG,
- zu niedrige Steuersätze – auch im Auslandsvergleich – für Erben in gerader Linie.

Wer die oben sogenannte Verzwergung beheben und eine erbschaftsteuerliche Effizienz auch zur Verminderung der Vermögenskonzentration wiederherstellen will, muss zunächst eingewachsene Widerstände im Exekutivbereich überwinden. Dazu gehört auch die erkennbare Lustlosigkeit von Länderfinanzverwaltungen, was Erbschaftsteuerveranlagungen betrifft. So zeigen insbesondere bayerische Finanzbehörden wenig Bereitschaft zur Durchsetzung einer gesetzeskonformen Besteuerung vor allem für Immobilien.

Zur Begründung eines überfälligen Reformeinstiegs mag die Aussage von Goethe helfen: „Was du ererbt von deinen Vätern, erwirb es, um es zu besitzen." Dies würde für unsere Problemstellung heißen: Du, lieber Erbe, der du für deine Erbschaft (doch) nicht den geringsten Verdienst hast, zahle wenigstens dafür einen angemessenen Beitrag an die Allgemeinheit. Diese hat doch für das Zustandekommen des Erbes wesentliche Voraussetzungen mitgeschaffen. Deshalb: Zahle für deine (unverdienten) Bereicherung doch bitte eine angemessene Erbschaftsteuer.

Auch wenn der Mehrheit der Bevölkerung und Parlamentarier die weise Ermahnung ihres großen Dichters einzuleuchten vermag, so ist doch mit heftiger Gegenwehr zu rechnen. Von dieser sollte das ständige Mantra nach Schonung des deutschen Mittelstandes trotz teilweise ideologischer Verbrämung ernst genommen werden. Es sollte deshalb für diesen die Maxime gelten: Es dürfen aus erbschaftlichen Unternehmens- bzw. Unternehmensanteilsübertragungen keine betriebsgefährdenden Liquiditätsrisiken entstehen!

Die Umsetzung dieser Maxime sollte so erfolgen, dass

- auch der Mittelstand für Unternehmens- und Unternehmensanteilsübertragungen – genauso wie für die Vererbung sonstigen Vermögens – eine wertgerechte Erbschaftsteuer ohne jedwede Steuererleichterungen zahlt,
- aber: Er braucht diese Steuer nicht sofort nach vollzogener Erbschaft zu entrichten,
- vielmehr wird ihm die zu zahlende Erbschaftsteuer zinsgünstig und langfristig kreditiert,
- dies geschieht dadurch, dass er die festgesetzte Steuer über einen Zeitraum von mehr als 20 Jahren mit 2 % p. a. tilgt. Dies erfolgt mittels einer Annuität von 3 % pro Jahr. Eine solche Kreditierungshilfe wird für Erbschaftsteuerveranlagungen aller Steuerpflichtigen gewährt, soweit diese 100.000,-- € übersteigen.

So erleichterte Erbschaftsteuerbelastungen braucht kein tüchtiger Unternehmernachfolger zu fürchten. Im Gegenteil: Wer bekommt ansonsten die Chance, mindestens die Hälfte eines Unternehmens (eines Unternehmensanteils) dinglich über eine Annuität von 3 % pro Jahr zu erwerben?

Andererseits: Sollte sich ein Firmenerbe die Leistung einer Annuität von 3 % pro Jahr nicht zutrauen, dann zeigt er damit auch seine Unfähigkeit zur Unternehmernachfolge. In einem solchen Fall ist es besser, wenn er seine Erbteile verkauft, um Platz für tüchtigere Unternehmernachfolger zu machen. Dies wäre nicht nur für ihn, sondern auch für die Gesamtwirtschaft vorteilhaft.

Für eine solcherart kreditfinanzierte Erbschaftsbesteuerung bedarf es gesetzestechnischer Haushaltshilfen für Bund und Länder. Die Hilfen müssen es den Gebietskörperschaften ermöglichen, die jeweils veranlagte Erbschaftsteuer mit Rechtskraft der Bescheide vollumfänglich als Haushaltseinnahmen ausweisen zu können. Dafür sollten die den Steuerpflichtigen kreditierten Erbschaftsteuern gemäß Folgeabschnitt an die Bundesbank zediert werden können.

Im Übrigen sind alle Besteuerungsausnahmen und -privilegierungen abzuschaffen.[5]

Darüber hinaus ist dafür Sorge zu tragen, dass Erbschaften mit ihrem tatsächlichen Wert veranlagt werden. Dies sollte auch für Grundstücke und grundstücksgleiche Rechte gelten. Schnellstmöglich sind deshalb die skandalösen Verfassungsverstöße des Bundesfinanzministeriums wegen begünstigender Grundstücksbewertungen zu beenden. Ganz besonders gilt dies für land- und forstwirtschaftliche Grundstücke, die für Erbschaftsteuerzwecke vielfach nur mit 20 v. H. ihres tatsächlichen Verkehrswertes berücksichtigt werden.[6]

7.8 Haushaltswirksame Steuerstundungsfinanzierung

Im Übrigen sind unter Beibehaltung der jetzigen Freibeträge alle Steuersätze, unabhängig vom Verwandtschaftsgrad zum Erblasser, wie folgt heraufzusetzen:

a) für Erbschaften unterhalb eines Wertes von 1 Mio. € auf einen Steuersatz von 30 %,
b) für den Wert von 1 Mio. € übersteigende und 5 Mio. € unterschreitende Erbschaften auf einen Steuersatz von 40 %,
c) für die 5 Mio. € an Wert übersteigenden Erbschaften auf einen Steuersatz von 50 %.

Aus den obigen Steuersätzen schätze ich einen durchschnittlichen Erbschaftsteuersatz von 45,5 %. Auf die obige steuerrechtliche Erbschaftsbemessung von rund 200 Mrd. € bedeutet dieses bei Abzug aller Freibeträge ein erreichbares Erbschaftsteuervolumen von 45,5 % × 200 Mrd., entsprechend 91 Mrd. € jährlich.

Danach errechnet sich unter Abzug des bisherigen Volumens von 6 Mrd. € die in der Finanzplanübersicht aufgeführte Erbschaftsteuererhöhung von 85 Mrd. €.

7.8 Haushaltswirksame Steuerstundungsfinanzierung

Zuletzt wurde für alle 100.000,-- € übersteigenden, rechtskräftigen Steuerveranlagungen eine Kreditierung per Annuität von 3 % vorgesehen. Die Kredite sollte der Fiskus an die Deutsche Bundesbank zedieren können. Dafür bedarf es gesetzestechnischer Sonderregelungen. Diese haben die dafür erforderlichen formellen Haushaltsvoraussetzungen zu schaffen. Materiell sind sie bereits gegeben,

- denn mit Rechtskraft der Erbschaftsteuerbescheide erhöhen die festgesetzten Erbschaftsteuern – unabhängig von deren Tilgungsdauer – unangreifbar und zugleich vermögensmäßig vollwertig das Eigentum des Steuerfiskus;
- dies gilt auch aus der Sicht konservativer Haushaltssachverständiger.

Trotz dieser materiellen Eindeutigkeit verbleibt jedoch ein formelles Problem, nämlich, dass haushaltsbegrifflich auch sichere Vermögenserhöhungen noch keine „Einnahmen" darstellen. Einnahmen sind nur auf Konten des Fiskus eingegangene Gelder. Die vorgenannten Forderungen müssen dementsprechend „in Geld" beim Steuerfiskus eingehen. Dazu muss es Bund und Ländern gesetzestechnisch gestattet sein, die kreditierten, rechtskräftig festgestellten Soll-Forderungen einnahmemäßig „vorzuziehen". Dieses kann wie folgt geschehen:

a) Bund und Länder treten die kreditierten Erbschaftsteuern an die Deutsche Bundesbank ab. Diese wird mit dieser Abtretung wirtschaftliche Eigentümerin der den Steuerpflichtigen nach den obigen Regeln gewährten Kredite; deren Einzug und weitere Verwaltung überlässt die Bundesbank den zuständigen Finanzbehörden.

b) Dafür zahlt die Bundesbank an Kaufpreis (sofort) den Nominalwert der abgetretenen Kredite an den Steuerfiskus. Die Kaufpreiszahlung muss per Spezialgesetz einen Einnahmenstatus für den Fiskus darstellen.
c) All dies ist danach per Treuhandvertrag zwischen Bundesbank und Fiskus zu regeln. Die Bundesbank als Treugeberin der abgetretenen Kredite überlässt deren verwaltungstechnischen Einzug wie bereits angedeutet dem Fiskus als Treuhänder.

Für und durch die in den Ziffern a) bis c) beschriebene Prozedur sollte das Verfügungsrecht der Erben, die Schuldner der abgetretenen Kredite sind, so wenig wie möglich sicherungstechnisch eingeschränkt werden.

7.9 Umverteilungseffekt

Eine Vermögens- und Einkommensumverteilung von oben nach unten findet gemäß Ziffer e) der Tabellenübersicht in Höhe von insgesamt rund 176 Mrd. € statt. Dazu tragen die zuletzt behandelten, belastungswirksamen Einkommensteuererhöhungen zum Volumen von 91 Mrd. € einerseits sowie die Erbschaftsteuererhöhungen andererseits mit 85 Mrd. € bei. Die so aufgrund obiger Architekturvorgaben erwartbaren Umverteilungswirkungen sind der eigentliche Kern des in diesem Abschnitt entwickelten Finanzplans. Zum besseren Verständnis seiner Bedeutung für den hiermit zu begründenden Weckruf soll Abb. 7.2 dienen.

Als Ergänzung des zuletzt umrissenen Zielpaketes dienen die in Ziffer f) der Tabellenübersicht dargestellten Mehreinnahmen aus Verbrauchssteuern. Mit diesen hat es Folgendes auf sich:

a) Zum einen rechnen wir mit automatischen Umsatzsteuermehreinnahmen von 24 Mrd. €,
b) zum anderen mit Verbrauchssteuermehreinnahmen durch USt.-Erhöhungen in der Form, dass Steuervergünstigungen teilweise aufgehoben werden. Dies sollte ökologisch ausgerichtet geschehen. Dafür sollte z. B. das 7-%-USt.-Privileg für den Konsum von Fleischprodukten abgeschafft werden.

Die automatischen Umsatzsteuermehreinnahmen errechnen wir aufgrund der erwarteten Mehrkonsumwirkung durch substanzielle Grundeinkommenzuwendungen. Diese erfolgen an eine relativ breite Schicht von Unterstützungsbedürftigen. Ich schätze daraus grundeinkommensbedingte Konsumsteigerungen von rund 200 Mrd. € jährlich. Den Wert von 200 Mrd. € Konsumsteigerung leite ich daraus ab, dass von den 47,6 Mio. Vollempfängern für Grundeinkommen zunächst deren bisherige Einnahmen abzuziehen sind, die zur Gegenfinanzierung beitragen. Danach verbleiben rund 22 Mio. an Vollempfängern, die vollumfänglich in den Genuss der Grundeinkommenszuwendung kommen. Wenn ich dafür unterstelle, dass sie die Hälfte der Zuwendungen

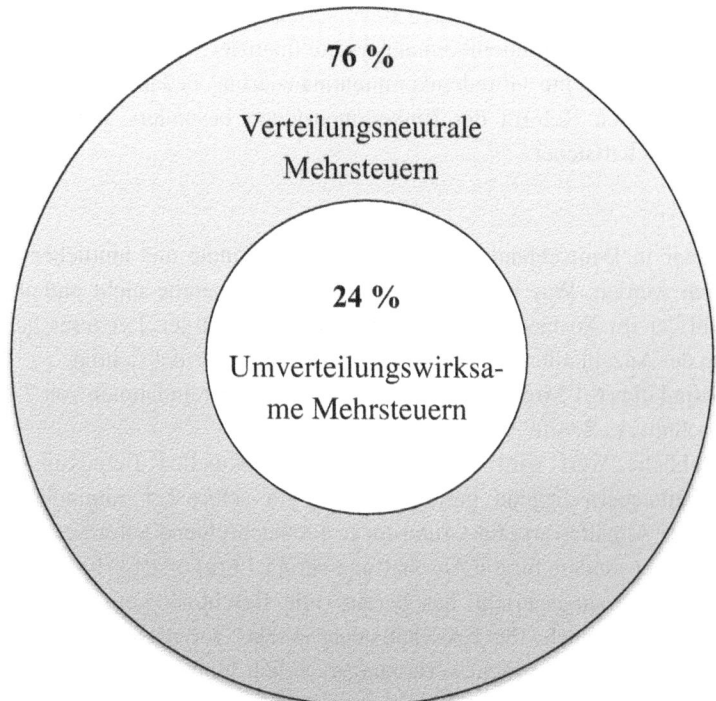

Die in den Kreisen aufgeführten Prozentzahlen stehen im Verhältnis zum gesamten Finanzbedarfsvolumen von € 744 Mrd.

Abb. 7.2 Umverteilungs- und Umleitungseffekte

(weil ihnen auf der anderen Seite Hartz-IV und andere Sozialleistungen entzogen werden) für Konsumerhöhungen einsetzen, dann verbleiben rund 200 Mrd. € an zusätzlichem Konsumpotenzial. Bei einer unterstellten Konsumquote von 80 % und einem durchschnittlichen Mehrwertsteuersatz von 15 % ergibt sich dadurch ein automatisches Umsatzsteuermehraufkommen von 24 Mrd. € (siehe oben).

Bereits an dieser Stelle sollte zweierlei deutlich geworden sein:

Zum einen die Berechtigung unserer Kritik an einer Grundeinkommensfinanzierung über Verbrauchssteueranhebungen. Über ein solches Verfahren wäre eine sozialdifferenzierte Gegenfinanzierung, wie wir sie oben erläutert haben, nicht möglich. Ohne eine solche Gegenfinanzierung wären für die Grundeinkommensfinanzierung insgesamt über 500 Mrd. € an Steuermehreinnahmen erforderlich. Dieses ist über Verbrauchssteuern nicht – schon gar nicht sozial verträglich – zu leisten.

Im Übrigen würden die in Kap. 1 geschilderten Entsolidarisierungsprozesse über eine verbrauchssteuergestützte Grundeinkommensanhebung keinesfalls begrenzt. An der Vermögenskonzentration würde sich nichts ändern. Es müssten – im Gegenteil – insbesondere die breiten, weniger einkommensstarken Bevölkerungskreise über Höchstpreise im Verbrauchssteuerbereich das Grundeinkommensystem finanzieren.

Eine sozialstaatsgerechte Grundeinkommenfinanzierung bedarf vielmehr der voranstehend beschriebenen Reform der Einkommensteuer, besonders aber einer Wiederbelebung der Erbschaftsteuer.

Endnoten
1. Die Zahl der in Deutschland lebenden Ausländer konnte aus amtlichen Statistiken entnommen werden. Was in diesen nach meiner Recherche nicht enthalten ist, ist die Anzahl der im Ausland lebenden deutschen Staatsbürger. Letzteres habe ich zur Ableitung der Anzahl aller Anspruchsberechtigten nicht berücksichtigt.
2. Für 2017 sind dies 6.1 Mrd. € bei geplanten Gesamtsteuereinnahmen von 734 Mrd. €.
3. Siehe Abschnitt A., S. 4 ff.
4. Der tatsächliche Wert wird um 100 % über der aktuellen Bemessungsgrundlage für Erbschaftsteuern liegend geschätzt. Dies gilt selbst bei zumindest teilweiser Anhebung der Anhaltewerte für Grundstücke wie nachfolgend gefordert.
5. Dies gilt ganz besonders für die Abschaffung der §§ 13 (a) und 13 (b) des ErbStG.
6. Das Bundesverfassungsgericht hat bereits mit Beschluss vom 07.11.2006 festgestellt, dass das auch für Erbschaftsteuerzwecke vorzuschaltende Bewertungsverfahren willkürlich und nicht verfassungsrechtlich hinnehmbar sei (BVerfG – AZ BVL 10/02). Dieser Urteilstenor ist in mehreren Folgeurteilen immer wieder bestätigt worden. Das Bundesfinanzministerium hat damit über ein Jahrzehnt ständig – bisher vergeblich – zum Handeln in Sachen Grundstücksbewertung aufgefordert. Zuletzt durch Urteil vom 10.04.2018, siehe BVerfG vom 10.04.2018 – BVL 11/14.

Verteilungsneutrale und preiswirksame Besteuerungserweiterungen 8

Die in Kap. 7 behandelten Steuererhöhungen zur BGE-Finanzierung wirken sämtlich preisneutral. Sowohl die Erbschafts- wie auch diese Art der Einkommensteuererhöhung gehen nicht in die Kostenkalkulation von Unternehmen ein. Insofern sind diesbezüglich Preissteigerungseffekte ausgeschlossen. Allein der Wegfall von Steuervergünstigungen bei der Umsatzsteuer kann für die betroffenen Produkte zu vernachlässigende Preissteigerungen bewirken. In keinem Fall können diese geringfügigen Effekte die nominellen BGE-Vorteile über Preissteigerungen substanziell abschwächen. Eine solche Gefahr ist allenfalls dann gegeben, wenn durch BGE-Einführung Nachfrageüberhitzungen eintreten. Letzteres kann jedoch durch einen BGE-Übergangsplan vermieden werden. Eine dadurch gesteuerte Umstellung muss für die durch BGE-Einführung zu erwartenden Konsumsteigerungen genügend Zeit für Kapazitätsanpassungen ermöglichen. Wie dies bei rund € 200 Mrd. zu erwartenden Konsumsteigerungen ohne störende Inflationseffekte sicher gelingen kann, darauf werde ich näher in Kap. 11 eingehen.

Anders als zuletzt beschrieben Steuererhöhungen wirken die nachfolgend darzustellenden Steuererweiterungen. Das gilt insbesondere für die CO_2-Verbrauchssteuer. Diese soll ja gerade, ganz im Gegensatz zu den bisher behandelten Steuern, Preise für bestimmte Warengruppen erhöhen. Nämlich für solche Rohstoffe und Warengruppen, deren Verbrauch zu einer besonders hohen Klimabelastung führt. Im Übrigen entfaltet die CO_2-Verbrauchssteuer als Konsumsteuer in Rahmen der hier vorgestellten Gesamtarchitektur verkraftbare Sozialbelastungen.

8.1 Finanztransaktionssteuer

Das Konzept einer auf die Erfassung nahezu aller Finanztitel ausgerichteten Finanztransaktionssteuer wurde bereits im Jahre 2011 von der EU-Kommission den Mitgliedstaaten als Vorschlag unterbreitet. Deren Konzept geht auf die von John Maynard Keynes im Jahre 1936 in seiner General Theory für den Aktienmarkt vorgeschlagenen Steuer zurück. Allerdings hat die EU-Kommission den inzwischen den Aktienhandel an Bedeutung weit übertreffenden Derivatehandel mitberücksichtigt. So soll die Steuer nach dem EU-Konzept 0,1 % auf den Handel mit Aktien und Anleihen betragen. Hingegen sollen Derivate von Aktien und Anleihen mit 0,01 % besteuert werden. Laut einem Gutachten des DIW(Deutsches Institut für Wirtschaftsforschung in Berlin) könnte die Bundesrepublik aufgrund dieses EU-Konzepts eine Mehrsteuer von € 45 Mrd. vereinnahmen.

Zu diesem Konzept, das in einem Umfang von allenfalls 20 % eines mit EG-Unterstützung erzielbaren Volumens im Herbst 2019 für die BRD eingeführt wurde, gibt es befürwortende wie auch kritische Stellungnahmen. Letztere verweisen insbesondere auf Vermeidungsmöglichkeiten durch Verlagerung der Transaktionen in Steueroasen. Dazu lassen sich nationale sowie EU-weite Gegenmaßnahmen anführen. z. B. eine Erweiterung des Sanktionsregimes gemäß deutschem Außensteuergesetz.

8.2 CO_2-Verbrauchsbesteuerung und Zertifikathandel

Die CO_2-Verbrauchssteuer samt Zertifikatehandel stehen mit über € 130 Mrd. an durchaus prominenter Stelle in meinem in Kap. 7 vorgestellten Finanzierungsplan. Allein hieraus wird mancher aufmerksame Leser Folgendes entnehmen können:

- Einerseits: Für ein substanzielles Grundeinkommen ist die CO_2-Steuer als eine ihrer wesentlichen Finanzierungsquellen unentbehrlich;
- andererseits: Ohne ein substanzielles BGE lässt sich eine umweltwirksame CO_2-Steuer sozial nicht legitimieren;
- zwischen beiden besteht somit ein gegenseitiges Abhängigkeitsverhältnis. Man kann das auch eine synergetische Beziehung nennen.

Die genannte synergetische Beziehung wird – soweit mir bekannt – in der Literatur bisher allenfalls gestreift. In der aktuellen Tagespolitik bekennt sich bisher keine der im Bundestag vertretenen Parteien zu dieser gegenseitigen Abhängigkeit. Insofern verwundert es auch nicht, wenn selbst anerkannt Ökonomen, die sich z. B. wie Ottmar Edenhofer einen Namen auch als Spezialist in Sachen CO_2-Verbrauchsbesteuerung gemacht haben, (noch) nicht auf die soeben angedeutete Abhängigkeit eingehen. Genauso wenig übrigens wie auf die diesbezügliche Schlüsselfunktion des BGE. Dies fehlt auch in der neuesten Auflage von Erdenhofers KLIMAPOLITIK.

Für meinen obigen Budgetansatz von rund € 130 Mrd. muss eine Tonne CO_2-Verbrauch mit über € 300,– pro Tonne preislich belastet werden. Davon sind in jedem Fall auf mittelfristige oder längerfristige Sicht erhebliche Verhaltensänderungen in Richtung CO_2-Verbrauchsminderungen zu erwarten. Dadurch würde sich die Steuer zumindest längerfristig selber teilweise abschaffen. Sie wäre dann zwecks Schließung einer dadurch entstehenden BGE-Finanzierungslücke durch anderweitige, staatliche Einnahmen aus Umweltabgaben – wofür es perspektivisch durchaus Vorstellungen gibt – zu ersetzen.

8.3 Synergiechancen und Finanzierungsgrenzen

Der Zusammenfluss von CO_2-Verbrauchsteuer mit den übrigen BGE-bedingten Steuererhöhungen bildet ein Kernelement des hier vorgestellten Gesamtplans. Man kann dies auch als synergetisches Zentrum jedweden substanziellen BGEs bezeichnen. Dazu sollte man berücksichtigen, dass sich ein substanzielles BGE ohne die oben dargestellte CO_2-Steuern und Derivateeinnahmen nicht realistisch finanzieren lässt. Denn: Die außer den zuletzt vorgestellten Steuer- und Abgabenerweiterungen von mir analysierten Steuererhöhungen stellen nach meinem Urteil sowohl pro behandelter Steuerart als auch auf das gesamte Steuersystem bezogen die Grenze des realistisch (politisch) Umsetzbaren dar. Mehr – insbesondere was die BGE- bedingte Einkommensteuererhöhung betrifft – ist auch verfassungsrechtlich nicht machbar. Mein Verzicht auf eine extrem verwaltungsaufwendige und dafür mit € 17 Mrd. p. a. wenig ergiebige Vermögenssteuer ändert an diesem Urteil nichts. Sie ist in Sachen Verteilungsgerechtigkeit – das gilt auch für diesbezügliche Parteitagbeschlüsse von SPD und DIE LINKE- nahezu reine Symbolpolitik. Dazu muss man ferner wissen, dass jedwede Erhöhung von Unternehmenssteuern, da diese von den betroffenen Unternehmen auf deren Kunden überwälzt werden, preissteigernd wirkt. Deswegen kommt für mich auch eine Erhöhung der Gewerbe- und Körperschaftssteuer für jedwede BGE-Finanzierung nicht in Betracht. Gleiches gilt für mich z. B. auch für die von manchen vorgeschlagene Digitalisierungssteuer.

All diese sehr technischen Gesichtspunkte stellen für eine mehr plakative, dafür aber politisch umso wirksamere Ebene, sehr beachtliche Argumentationschancen dar. So könnte man den bisher beschriebenen, synergetischen Paradigmawechsel auch über dessen für die Bevölkerungsmehrheit sehr positives Gesamtergebnis parteipolitisch durchaus gewinnbringend „verkaufen", z. B. mit der Beschreibung.
RESSOUCENVERZICHT MIT ZUSATZGEWINN,
oder noch schlichter: VERZICHTEN MIT GEWINN.
Oder noch positiver: (Ressourcen) SCHONEN MIT GEWINN (an Konsumqualität).

Denn: Trotz erheblicher, (überlebensnotwendiger) Verteuerung CO_2-schädlicher Ressourcenverbräuche bleibt die Mehrheit der Bevölkerung wegen des vorweg geschalteten, substanziellen BGE (per Saldo) finanzieller Gewinner des oben vorgestellten Finanzplans. Ihre Zukunftschancen lassen sich über diesen deshalb in hellen

Farben bewerben und nicht nur wie bisher üblich in dunklen Einschränkungsmustern darstellen. Letzteres erzeugt bei vielen unterschwellige Abwehrreaktionen. Dagegen sollten sich gerade politische Parteien um den positiv besetzten Verkauf der synergetischen Chancen aus substanziellem BGE bei überlebenswichtigen Einschränkungen im CO_2-Verbrauch bemühen. Die Bevölkerungsmehrheit erhält (oft viel) mehr Spielraum für bessere Bildung, den Konsum qualitativ höherwertiger (weil ökologischerer) Nahrungsmittel, besserer Kleidung, mehr (eisenbahnvermitteltem) Urlaub und ein Vielfaches Mehr an besseren Dienstleistungen. Damit lässt sich eine wesentliche Verkleinerung des ökologischen Fußabdrucks bei durchaus positiver Zukunftserwartung für viele überzeugend substituieren. Für Führungspersönlichkeiten mit sozialer Fantasie und synergetischem Denkvermögen gibt es demnach noch viel Luft nach oben.

Literatur

Keynes, J. M. (1936). *The general theory of employment, Interest and money*. New Dehli: Atlantic Publishers and Distributers.
Edenhofer, O. (2019). *KLIMAPOLITIK-Ziele, Konflikte, Lösungen*. München: Beck.

9 Impulse für globale Klimasolidarität

Die oben nach den Grundsätzen von Realismus (was ist politisch überhaupt umsetzbar) und Effektivität entwickelte, ganzheitliche Strategie nach großem Plan ist geeignet, die Entwicklung der EU-Partnerländer und darüber hinaus die globale Klimasolidarität positiv zu beeinflussen. Für die BRD könnte dies eine entscheidende, außenpolitische Wende von ihrem bisher praktizierten, egoistischen Merkantilismus zu einer weltweiten Vorreiterrolle mit Impulsen für eine auch international nachhaltige Klimapolitik einleiten. Der verdienstvollen Ankündigung eines EU-veranlassten Green Deals könnte so seitens der BRD eine wirtschaftspolitische sowie ideelle Substanz vermittelt werden.

Leider sieht bis heute die diesbezüglich von der BRD real verfolgte Politik völlig anders aus. Diese pflegt unverdrossen ihre traditionelle Untätigkeit in Sachen der deutschen Export- und Leistungsbilanz-Überschüsse, die nicht nur die EU destabilisieren. Nein: Sie beeinträchtigen auch seit Jahrzehnten mit steigender Tendenz das gesamte Welthandelssystem. Zu dieser Problematik überwiegt international eine gleiche Problemsicht mit zum Teil scharfer und berechtigter Kritik an der BRD. Diese Kritik schlug sich jedoch bedauerlicher Weise in der deutschen Medienlandschaft erst nach den unüberhörbaren Drohungen von D. Trump erkennbar nieder.

Zu den ausländischen Kritikern zählen auch viele Deutschland-Freunde. So sagt z. B. der Historiker Angelo Bolaffi 1918 in einem SZ Interview: „[…] das deutsche Hauptproblem (liegt) […] in der systematischen Verletzung der vereinbarten Grenzen des Handelsbilanzüberschusses […], dieses belastet die Ökonomien der europäischen Partner negativ […]. Es bestärkt den Verdacht, das gegenwärtige Deutschland sei von einem Willen zur Macht geprägt […], egoistisch und merkantilistisch".

9.1 Abbau deutscher Welthandelsstörungen

Inzwischen erkennt man auch bei deutschen Wirtschaftsjournalisten ein aufkeimendes Unbehagen am deutschen Export-(Überschuss-)Modell. Sie erkennen immer mehr die Evidenz der diesbezüglichen Auslandskritik, selbst die des pathologischen Lügners Trump, als grundsätzlich berechtigt an. So auch Kohlenberg und Schieritz (2018) in DIE ZEIT. Ihre Kritik an den destabilisierenden Wirkungen der immer noch wachsenden Handelsbilanzüberschüsse führt uns zumindest indirekt wieder auf unser Ausgangsthema zurück. Ich versuche, dafür zu zeigen, warum und in welchem Umfang durch eine Grundeinkommenseinführung (endlich) etwas Wirksames gegen diese Überschüsse getan werden kann.

Kohlenberg und Schieritz durchbrechen die seit Jahrzehnten aufrecht erhaltenen Abwehrreflexe auch vieler deutscher Wirtschaftswissenschaftler, Verbandsvertreter und Wirtschaftsjournalisten gegen jede (ausländische) Kritik an deutschen Handelsbilanzüberschüssen. Beide belegen an nachvollziehbaren Statistiken, dass die ständigen Leistungsbilanzüberschüsse nicht nur eine Folge der unbestreitbaren Leistungsfähigkeit sind. Letzteres gilt uneingeschränkt auch für das Produktions- und Innovations-Know-how führender, insbesondere auch mittelständischer deutscher Industrieunternehmen. Aber: Deren Exporterfolge werden maßgeblich auch durch ein merkantilistisches Verhalten von Regierung und Tarifpartnern in Deutschland begünstigt (Kohlenberg und Schieritz 2018). Das merkantilistische Verhalten geht einher mit einer ständigen Reduzierung von privatem Konsum samt kaum zu rechtfertigender Begrenzung dringend erforderlicher öffentlicher Investitionen. Anders dagegen z. B. die USA und Großbritannien. In beiden Ländern stiegen die Durchschnittslöhne in den vergangenen 20 Jahren doppelt so stark wie in Deutschland. In Frankreich gegenüber Deutschland eineinhalb Mal so stark. Im Vergleich zu den deutschen Konsumenten konnten sich Amerikaner, Briten und Franzosen mehr Konsum leisten. Schon deshalb stiegen die amerikanischen, britischen und englischen Exporte nicht so stark wie die der Deutschen. Umgekehrt boten die Deutschen für Ausländer auch nur begrenzten Spielraum für deren Exporte. Trotz ständiger Ermahnungen unserer europäischen Partner tat die Regierung so gut wie nichts, um ausländischen Exporteuren über gesteigerte Inlandsinvestitionen Marktchancen zu verschaffen, die zu einer Reduzierung des Leistungsbilanzüberschusses hätten führen können.

Ist es bei all dem verwunderlich, wenn eine Vielzahl der Wähler in EU-Nachbarländern, wie zwischenzeitlich vor allem in Italien, der EU wegen deren Beherrschung durch Deutschland den Rücken kehren will? Hätte nicht Deutschland als Hauptnutznießer des EU-Binnenmarktes längst an einer europaförderlichen Steigerung ihrer Investitionen, stärkeren Lohnanhebungen und gezielten Finanzhilfen aus den Leistungsbilanzüberschüssen für Partnerländer (zumindest durch Zinsverbilligung) arbeiten müssen? Was lässt sich nun durch die Einführung eines substanziellen Grundeinkommens gegen die von Deutschland eigenverschuldete Gefährdung der EU-Integration (noch) verändern?

9.2 EU-Impulse via steigender Binnennachfrage

Eine überfällige Auflösung der durch Deutschland mitverschuldeten EU-Dystopie kann zunächst und vor allem durch den aufgezeigten, grundeinkommenbedingten Mehrkonsum von rund € 200 Mrd. befördert werden. Der dort statistisch begründete Mehrkonsum käme ja nicht nur deutschen Anbietern zugute, vielmehr auch und gerade Exporteuren aus EU-Partnerländern. So gesehen wirkt die Grundeinkommenseinführung in Deutschland auch als Akkumulator für deren Wirtschaft. Natürlich sollten wir uns in Deutschland nicht nur auf den zuletzt skizzierten Binnennachfrageeffekt beschränken. Vielmehr sind außerdem endlich praktische Schritte zu der stets angemahnten Steigerung von Infrastruktur- und sonstigen Ausrüstungsinvestitionen erforderlich.

9.3 Länderübergreifende Systemreformen

Mit der landesweiten Umsetzung eines substanziellen Grundeinkommens bei obigem Anforderungsprofil würden sich nicht nur Ansehen und Attraktivität der BRD innerhalb der EU als deren wirtschaftlicher Vorreiter erheblich verbessern. Deutschland würde den Status eines Innovators für zukunftsweisende Sozialgestaltungen als Antwort auf aktuelle Digitalisierungsprozesse gewinnen. Die BRD würde Wegweiser für Problemlösungen gegen zunehmende Altersarmut, Unterstützung von Alleinerziehenden wie auch für die Bekämpfung von Vermögenskonzentration und Einkommensspreizungen werden. Darüber hinaus aber auch – und das ist ein zentraler Fortschritt – würde die BRD endlich auch faktischer Vorreiter für internationale Klimasolidarität.

Deutschland könnte aber auch – und würde sehr wahrscheinlich – Imagevorteile als Pionier wirtschaftlicher Assoziierungen erzielen, denn.

a) im internationalen Vergleich hätte die BRD nach meinem Urteil noch am ehesten Chancen für eine größere Gruppe unselbstständig Beschäftigter, emanzipatorische Beschäftigungsverhältnisse auf den Weg zu bringen,
b) um mit den gewonnenen Erfahrungen ein attraktiverer Partner auch für die USA zu werden, die ja durch ihr aktuelles Solidaritätsdefizit in eine innenpolitisch äußerst prekäre Situation geraten ist. Dies beweist, wie sozialer Reformattentismus auch über dadurch mitgenährte Abstiegsängste zu Desintegrationen bis zum Demokratieverfall bei voranschreitender Plutokratisierung führen kann. (so neben vielen Brinkbäumer 2018; Sandel 2018).

Auf dieser Grundlage ließe sich auch der Einfluss länderübergreifender Solidaritätsnetzwerke verstärken. Ausgangsplattform könnte das BASIC INCOME EARTH NETWORK sein.

Dieses bietet aktuell eine internationale Plattform für wissenschaftliche Studien, Kongresse und sonstige Beiträge zum Thema Grundeinkommen. Inzwischen mögen es rund 100 selbstständige nationale Netzwerke sein, die mit diesen internationalen Netzwerken einen mehr oder weniger regen Austausch pflegen.

Bei einer deutschen Grundeinkommenseinführung könnte dieser internationale Themenaustausch auf der Grundlage eines bereits eingeführten Grundeinkommens um den auf Dauer aus meiner Sicht noch wichtigeren Assoziierungsbereich vertieft und erweitert werden, da auf lange Sicht die Problematik von wachsender Vermögenskonzentration, Einkommensspreizung, aber auch plutokratisch destabilisierender Demokratieauflösungsprozesse nur über weiterreichende Assoziierungen zu lösen sein wird. Fürs Erste gilt es jedoch, Architekturen für solche Ansätze zu entwickeln, mit denen wir jetzt oder in naher Zukunft Bretter dort durchbohren können, wo sie aktuell besonders dünn erscheinen.

Mit einer Grundeinkommenseinführung könnten auch die Bausteine und Erfahrungen aus der beschriebenen Assoziierungsarchitektur international genutzt werden. Über eine emanzipatorische Arbeitsorganisation könnten sie – für Deutschland z. B. auf genossenschaftlicher Grundlage – Teile von Produktions-, Distributions- und Dienstleistungsprozessen selbstbestimmter organisieren helfen. Im positiven Fall wären dafür die in Abb. 9.1 dargestellten Entwicklungen denkbar.

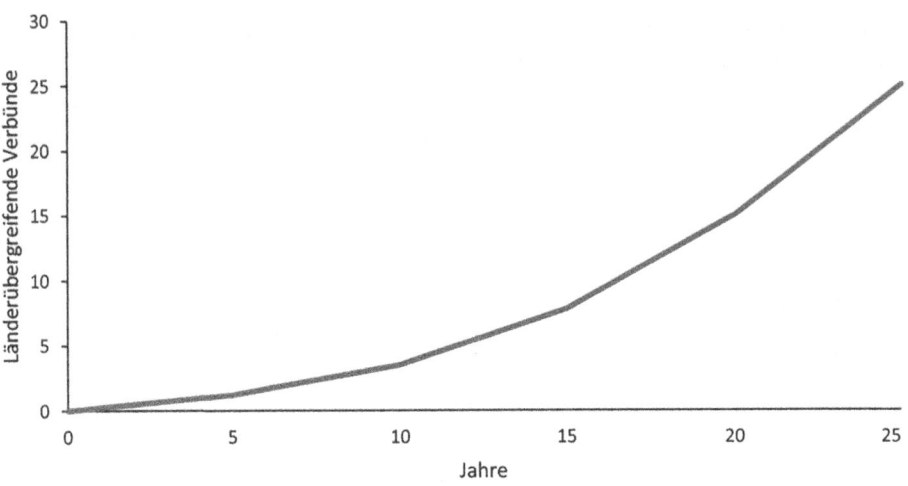

0= Grundeinkommeneinführung

Abb. 9.1 Länderübergreifender Assoziierungsprozess

Literatur

Bolaffi, A. (2018). Sezession-Rechte und linke Europafeinde schüren Hass auf Deutschland. *Süddeutsche Zeitung,* 1. Juni.

Brinkbäumer, K. (2018). *Nachruf auf Amerika.* Frankfurt a. M.: Fischer.

Kohlenberg, K., & Schieritz, M. (2018). Germany first. *Die Zeit,* 24.

Sandel, M. (2018). Was läuft falsch in den Gesellschaften des Westens. *Der Spiegel,* 21.

10 Umsetzungsreife und Wandlungsbereitschaft

Eine beachtliche Mehrheit der Deutschen einschließlich deren veröffentlichter Meinung ist auch in Anbetracht der aktuellen Spaltungs- und immer noch randbegrenzten Radikalisierungstendenzen konsensliebend geblieben. Kein Wunder: Die Bereitschaft zu Revolutionen gab es in diesem Land bisher nur bei auch aus Mehrheitssicht dysfunktionalen und zugleich extrem überholten Strukturen wie in 1848 sowie 1919. Doch selbst dann und in solchen Problemlagen wurden Revolutionsversuche nicht durch eine Bevölkerungsmehrheit unterstützt. Umso mehr dominierte damals wie auch in den letzten Jahrzehnten der BRD das Festhaltenwollen am Vertrauten, all dies bekanntlich ganz im Gegensatz zu Frankreich und den USA. Letztere sind geradezu geprägt durch eine Kultur des ständigen Kampfes zwischen wirkungsmächtigen, idealistischen Bewegungen einerseits und oft radikal-reaktionären Gegenbewegungen andererseits. Über solche Auseinandersetzungen hätte selbst die Einführung eines BGE quasi aus dem Stand heraus noch unter Nixon nach den Vorschlägen von Milton Friedman in 1969 gelingen können, wie dies Jill Lepore 2019 in DIESE WAHRHEITEN eindrucksvoll beschreibt.[1]

Aus dem Stand heraus ist die Einführung eines BGE und erst recht die eines substanziellen BGE für die relativ strukturkonservative BRD anders als noch bis in die 70er-Jahre für die USA undenkbar. Für die BRD ist noch ein engagierterer Prozess des Vordenkens mit dessen breiterer Aufnahme und Auseinandersetzung auch in der veröffentlichten Meinung notwendig. Dafür soll dieses Buch einen kleinen Beitrag leisten. Dafür ansprechbaren Abgeordneten soll zumindest vermittelt werden, wie technisch einfach die für ein substanzielles BGE geeigneten Steuerreformen auf den Weg gebracht werden können.

So bedarf es nur minimaler Gesetzesänderungen z. B. für die Umsetzung des vorgestellten Einkommensteuersystems. Genauso verhält es sich mit den in ihrer Wirkung allerdings einschneidenderen Änderungen des Erbschaftsteuerregimes. Hier werden von den insgesamt 37 Paragrafen nur 4 Paragrafen von vorgenannter Regimeänderung berührt. Von diesen 4 Paragrafen fällt lediglich die Änderung der Steuersatzregelung für Angehörige in gerader Linie ins Gewicht. Von etwa 60 Seiten Gesetzestext erfordert dies rund eine Seite an Neuformulierung. Im Übrigen werden 3 Vergünstigungsparagrafen mit allerdings 19 Seiten Gesetzestext ersatzlos aufgehoben.[2]

Zum aktuellen BGE-Meinungsbild – für das zu den hier behandelten Themenschwerpunkten bisher nur ein überwiegend noch recht oberflächlicher Diskurs beigetragen hat – bleibt zu fragen:

- Wie sieht der diesbezügliche Entwicklungsstand derzeit aus?
- Gibt es bereits ein (Ab-)Stimmungsbild dazu?
- Ist das Thema überhaupt schon so weit in genügend breiten Bevölkerungskreisen an- bzw. ausdiskutiert, dass Bundestagsfraktionen bereit sein könnten, Gesetzesvorschläge einzubringen?

10.1 Cui bono

Widmen wir uns vorab der Frage: Wem nützt in jedem Fall das Substanzielle Grundeinkommen? Soll nach römischer Tradition heißen: Wem bringt das substanzielle Grundeinkommen finanzielle Vorteile? Und: Wer muss als Steuerzahler für dieses substanzielle Grundeinkommen mehr leisten, als er ex ante an Grundeinkommenszahlungen erhält? Heute würde man kurz sagen: Wer gehört – rein wirtschaftlich betrachtet – zu den Grundeinkommengewinnern? Wem wird dagegen grundsätzlich ein Mehrbeitrag abverlangt?[3]

Wir hatten ab Kap. 7 dargestellt, dass erst diejenigen Steuerzahler, die mehr als TEUR 70 zu versteuerndes Jahreseinkommen vereinnahmen, von den aus diesen Einkommensteilen resultierenden Mehrsteuern aus zur eigentlichen Grundeinkommenfinanzierung beitragen. Wir haben geschätzt, dass die Gruppe dieser Mehrsteuerzahler maximal 6 Mio. Personen betrifft. Das sind von den insgesamt 42 Mio. Einkommensteuerpflichtigen gerade einmal 15 %.[4]

Rechnet man den 15-%-Anteil aller Einkommensteuerpflichtigen auf die Gesamtbevölkerung hoch, dann halte ich die Einschätzung für wahrscheinlich,

a) dass in etwa 25 % der Gesamtbevölkerung (als Steuerpflichtiger oder als Mitfamilienangehörige) diesen Mehrbeitrag mittragen.
b) Im Umkehrschluss bedeutet dies, dass bis zu 75 % der für Grundeinkommen Bezugsberechtigten finanzielle Vorteile über die vorgeschlagene Systemeinführung haben.

Bei diesen Mehrheitsverhältnissen könnte man glauben, dass die Einführung eines substanziellen Grundeinkommens eine Art Selbstgänger werden sollte. Das dürfte, wie ich schon aus den inzwischen nahezu eintausend Leserbriefen zu meinen diesbezüglichen

Interviews und Streitgesprächen in SPIEGEL ONLINE erfahren durfte, keinesfalls ohne weiteres der Fall sein.

10.2 Bisheriger Zustimmungsmodus

Zum bedingungslosen Grundeinkommen sind zwischenzeitlich verschiedene Befragungen durchgeführt worden. Die jüngsten ergeben ein knappes Zustimmungs-Plus für die Einführung eines BGE.

Im Herbst 2017 hat SPLENDID RESEARCH insgesamt 1024 Deutsche zum Thema *bedingungsloses Grundeinkommen* befragt.

Auch aus dieser Studie kann zumindest eine Tendenz zum derzeitigen Bekanntheits- und Zustimmungsmodus abgeleitet werden. Abb. 10.1. zeigt die Koordinaten dieser Studie.

Bekanntheit
Zwei Dritteln der Deutschen ist das Konzept des bedingungslosen Grundeinkommens bekannt (s. Abb. 10.2).

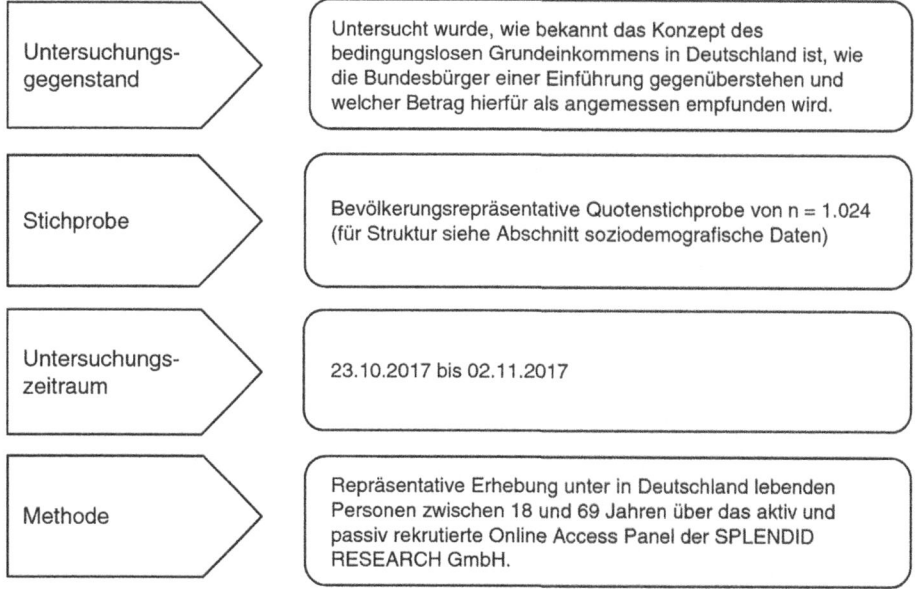

© 2017 SPLENDID RESEARCH GmbH

Abb. 10.1 Untersuchung zum BGE-Zustimmungsmodus

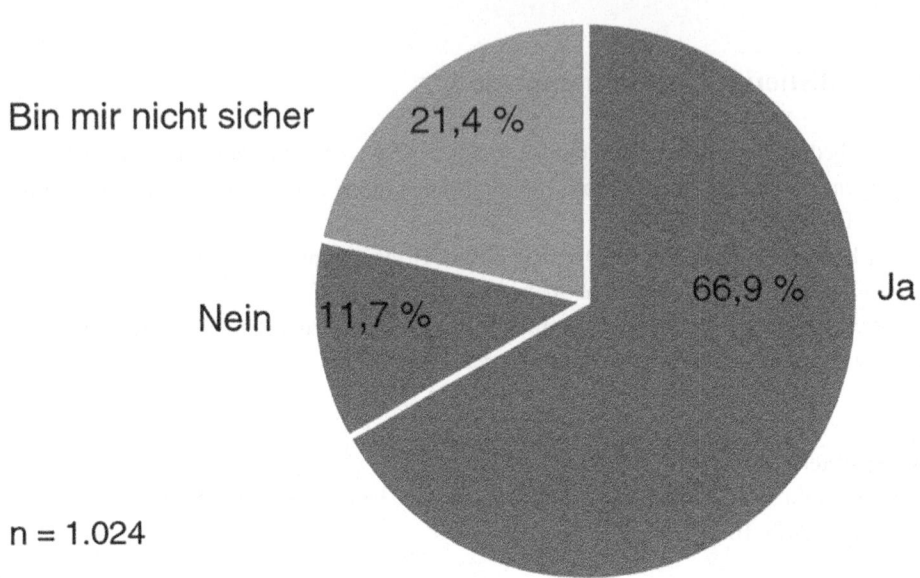

© 2017 SPLENDID RESEARCH GmbH

Abb. 10.2 BGE-Bekanntheit

„Wissen Sie, was mit dem Konzept des Bedingungslosen Grundeinkommens gemeint ist?"

Akzeptanzmessung
Anhand von verschiedenen Definitionen wurde die Akzeptanz zur Einführung des bedingungslosen Grundeinkommens untersucht.
METHODIK: TESTDESIGN FÜR DIE MESSUNG DER AKZEPTANZ

- In der Studie wurden die Befragten zufällig in *drei Gruppen* unterteilt:
  a) *Gruppe 1* erhielt zunächst eine *negativ formulierte Definition* des bedingungslosen Grundeinkommens.
  b) *Gruppe 2* erhielt zunächst eine *positiv formulierte Definition* des bedingungslosen Grundeinkommens.
  c) *Gruppe 3* erhielt zunächst eine positiv formulierte Definition des bedingungslosen Grundeinkommens *mit der Schilderung eines Praxisbeispiels aus Finnland.*

10.2 Bisheriger Zustimmungsmodus

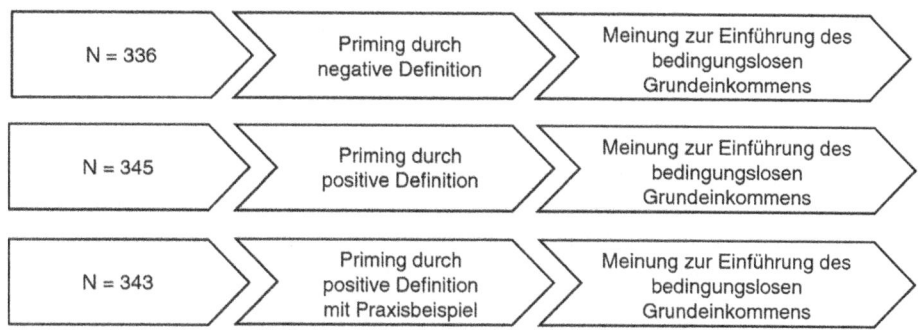

Abb. 10.3 BGE Akzeptanzmessung

- Anschließend wurde in allen Gruppen die **Akzeptanz** für die Einführung des bedingungslosen Grundeinkommens gemessen.
- Den Einfluss der Definition auf die Akzeptanz nennt man **Priming**. Durch die positive oder negative Definition sind die Befragten gegenüber dem bedingungslosen Grundeinkommen *positiver oder negativer* eingestellt (siehe die Abb. 10.3 der SPLENDID RESEARCH GmbH).

Zustimmungsquote

Bei einer Betonung der positiven Aspekte des BGE halten fast zwei Drittel der Deutschen die Einführung für sinnvoll.

AKZEPTANZ DES BEDINGUNGSLOSEN GRUNDEINKOMMENS. Hierzu gibt die Abb. 10.4 Auskunft.

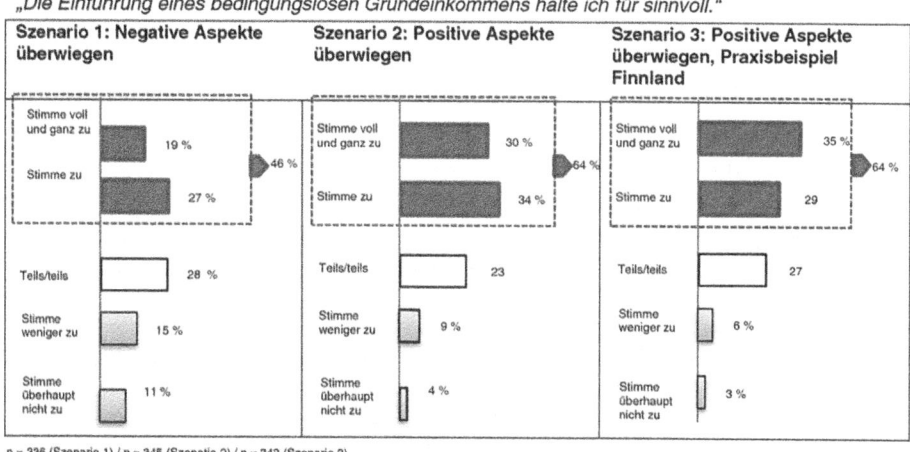

Abb. 10.4 Zustimmungsquote

Tab. 10.1 Sonstige Einstellungswerte

Vertrautheit:	67 % der Deutschen meinen, mit dem **Konzept** des bedingungslosen Grundeinkommens **vertraut** zu sein
Verhaltensänderung:	15 % aller Deutschen würden bei einem Grundeinkommen von 1500 € pro Monat **ihren Job kündigen**
Weiterarbeit:	76 % **der Berufstätigen** würden – unabhängig von der Grundeinkommenshöhe – **weiterarbeiten**

Die sonstigen Einstellungswerte ergeben sich aus Tab. 10.1.

10.3 Gegeninteressen und Disruptoren

Einstellungen und Bewertungen zum BGE können neben der individuellen Informationsbereitschaft und den jeweiligen Eigeninteressen auch von vielfältigen Ablehnungsgründen geprägt sein, nämlich

- als Angriff auf und als ungeliebte Infragestellung von vertrauten Weltanschauungsbildern,
- als Bedrohung unterschwelliger, wirtschaftlich-sozialer Überlegenheitsgefühle,
- aus Gründen (noch) nicht ausgeräumte Funktionszweifel (z. B. an einer seriösen Finanzierbarkeit),
- wegen mangelndem Vertrauen in die Sicherheit des neuen Systems (=Besteht die Gefahr eines systemgefährdenden Einbruchs in der Leistungsbereitschaft breiter Bevölkerungskreise?).

In manchen Fällen sind es aber auch wirtschaftliche Eigeninteressen, die zu sehr verdeckten und nicht selten subtil verdrehten Ablehnungen des BGE führen. Ein prominentes Beispiel hierfür liefert Jonas Prising, Chef der weltweit operierenden Zeitarbeitsfirma MANPOWER in einem der SZ am 23.07.18 gegebenen Interview. In diesem gibt Prising einleitend allgemein sehr vernünftig klingende Statements, dann jedoch kommen beim Thema BGE völlig überraschende, wie fremdgesteuert wirkende Anwürfe. So beginnt J. Prising zunächst durchaus überzeugend:

„Man kann [zumindest] beunruhigt sein, ob [viele der derzeit Beschäftigten ihre] Tätigkeiten [behalten] und ob diese die gleiche Lebensqualität bieten. Es gibt tatsächlich einen wichtigen Unterschied zu den anderen Umbrüchen, nämlich die Geschwindigkeit, in der es dies Mal geschieht. Es wird sehr schnell Gewinner und Verlierer geben. Aber man kann noch nicht abschätzen, welche Art von Jobs im Einzelnen neu entstehen wird. Sicher ist: Ein Arbeitsplatz wird künftig weniger mit dem Versprechen von Sicherheit verbunden sein."

10.3 Gegeninteressen und Disruptoren

Er fährt dann fort:

„Der Anteil flexibler Arbeitsformen wird weiter zunehmen [...] wir werden noch mehr Teilzeitarbeit, mehr Freiberufler, mehr Selbstständige sehen."

Und dann weiter:

„Wir brauchen ein System, das [einen] Übergang von Jobsicherheit [...] so sozial verträglich wie möglich macht. Wenn wir alle öfter unsere Jobs wechseln und uns ständig neue Fähigkeiten aneignen müssen, dann brauchen wir auch ein System, das uns dabei absichert."

Soweit bestätigt ein besonders praxiserfahrener Beobachter der Digitalisierungsszene mit 3,5 Mio. vermittelten Arbeitskräften pro Jahr die oben herausgestellten Zukunftsperspektiven. Insbesondere, was die Notwendigkeit neuartiger, sozialer Absicherungen betrifft. Man sollte von Prising die Bestätigung der seinerzeit von Siemens-Konzernchef Kaeser gegebenen Grundeinkommenbefürwortung erwarten, wie z. B.: „Ja, in der Tat: Wir brauchen als Antwort ein (substanzielles) bedingungsloses Grundeinkommen". Nur: Genau das sagte Prising nicht. Vielmehr antwortete er auf eine diesbezügliche Nachfrage des Interviewers zum bedingungslosen Grundeinkommen: „Es sollte einen anderen Weg geben als einfach Geld verschenken."

Für diese überraschend schlichte und zu seinen Vorausführungen widersprüchliche Diskreditierung des Grundeinkommens dürfte der Grund weniger in einem (unbedachten) Abwehrreflex liegen. Vielmehr in einer wohlüberlegten Verteidigung seiner geschäftlichen Interessen. Dieses allerdings zulasten seiner (potenziellen) Kunden. Letztere sollen im Rahmen der Digitalisierungsentwicklung mehr noch als bisher sein Zeitarbeitsangebot nutzen. Und nicht gegenüber diesem via Grundeinkommen zumindest wählerisch werden.

Nun werden BGE-Diskreditierungen eher selten wie im Falle Prising per Florett transportiert. Vielmehr fallen die meisten BGE-Angriffe eher pauschal und emotional, von den Motiven her manchmal durchsichtig, oftmals jedoch um keinerlei Begründung bemüht, aus. Viele solcher Ablehner wollen mehr oder weniger offenkundig nur eins: Nämlich keinerlei Änderung an bestehenden Verhältnissen. Solcher Art Neigungen werden politisch von rückwärtsgewandten Politikern bedient, von denen es viele – vor allem in AfD und teilweise auch FDP – zu rhetorisch begabten Disruptoren gebracht haben. Diese Disruptoren sind oftmals zwanghaft bestrebt, jede Art sozialpolitischer Wandlung schon im Keim zu zerstören. Vergleichbare Verhaltensmuster findet man leider, wie oben bereits angesprochen, auch bei führenden Gewerkschaftsvertretern.

10.4 Verdrängungen blockieren Gestaltungsmut

Die zuletzt angedeuteten Gegenkräfte sind nicht die alleinigen, potenziellen Verhinderer eines substanziellen BGE. Vielmehr wirken verhindernd oder zu mindestens beeinträchtigend oft tief reichende Verdrängungsprozesse. Letztere umfassen zum einen mit den oben angedeuteten Scheinargumenten die Gefahr gesellschaftlicher Erosionen durch die sich verschärfende Vermögensungleichheit. Zum anderen aber – dies als neues und besonders verhängnisvolles Verdrängungsphänomen – die drohenden Umweltkatastrophen und davon insbesondere die aus einer fortschreitenden Klimaerwärmung. Alles in allem bedeutet bei gegenseitiger Wechselwirkung ohne Zweifel: Sofern wir nicht noch rechtzeitig und Mut voll obigen Gefahren durch einem gegen diese wirksamen Systemwandel begegnen, droht alsbald der Untergang unserer bisherigen Zivilisationskultur.

Die Ursachen für die zuletzt angedeuteten Verdrängungsprozesse mögen individual- und gruppenpsychologisch teilweise erklärbar sein. Die äußerlichen Phänomene für solche Verdrängungen sind zumindest offenkundig. Sie reichen von reiner Apathie und Gleichgültigkeit bis zu extrem fadenscheinigen Rechtfertigungen ihrer daraus resultierenden Untätigkeit. Letztere lauten grob zusammengefasst: „Gegen den Klimawandel helfen alle noch so großen Bemühungen nichts". So z. B. hören wir immer wieder gegen jedwede Ordnungspolitik zur CO_2-Verbrauchsminderung das häufige Totschlagsargument: „Unsere CO_2-Einsparungen missbrauchen doch nur China und sonstige Länder zum Wettbewerbsnachteil unserer Wirtschaft für eigene CO_2-wirksame Produktionssteigerungen." Wobei doch für jeden halbwegs Verständigen offensichtlich ist, dass jede Art Klimafortschritt eines – oder besser einiger – Vorreiter bedarf. Selbstverständlich sollte(n) diese(r) Vorreiter mit möglichst vielen anderen (Nachzügler-) Staaten klimaverbindliche handels- und sonstige Vereinbarungen parallel zu seinen eigenen Klimabemühungen aushandeln.

Die angedeuteten Verdrängungen verbrauchen viel Energie. Diese fehlt schon dadurch für die Aktivierung des so dringend benötigten Gestaltungsmutes zur Zivilisationsrettung. Zu der hier aus Platzgründen nur möglichen Andeutung von diesbezüglichen Blockadeüberwindungsinstrumenten möchte ich mich nachfolgender, vereinfachender Klassifizierungen bedienen:

- ICH BIN AKTIVE: Mit dieser Kategorie meine ich selbstbewusste, für Neuheiten aufgeschlossene und sich als grundsätzlich autonom erweisende Mitbürger. Solche Mitbürger fühlen sich auch zur Wahrheit verpflichtet. Sie sind ferner empathiefähig. Gesamtgesellschaftlichem Handeln liegt ihnen am Herzen.
- INKORPORIERTE: Das sind jene Personen, deren Handeln viele Mitbürger durch schönen Schein und/oder abhängig machende Verführung verleitet. Dadurch schaden sie sich langfristig oftmals sogar selbst am meisten. Inkorporierte zeichnen sich über durchgängige Verlogenheit aus. Alles in allem erscheinen sie nach ihren Worten und Taten wie fremdbestimmt.

- SCHLAFWANDLER: Diesen Begriff benutzte Christopher Clark in seinem 2015 erschienene Buch DIE SCHLAFWANDLER. Er beschreibt damit in erster Linie nahezu alle Führungspersönlichkeiten sämtlicher am Ersten Weltkrieg beteiligter Groß- und Mittelmächte. SCHLAFWANDLER zeichnen sich – wie übrigens auch viele INKORPORIERTE – durch hohe Intelligenz aus. Dennoch sind SCHLAFWANDLER im Wortsinne – zumindest vorübergehend wie seinerzeit die Führungspersonen vor, während und in den ersten Jahren nach dem ersten Weltkrieg nicht in der Lage, die ihnen obliegenden Aufgaben geistesgegenwärtig, problemangemessen und zukunftsweisend auszuführen. Andererseits können zumindest manche Schlafwandler wieder zu ICH BIN AKTIVEN erwachen. Bei einigen von ihnen scheinen jedoch die strukturellen Eigenschaften der INKORPORIERTEN dauerhaft dominant zu sein.

10.5 Anders als bisher – Dem werden Mehrheiten nur über Verheißungen folgen

Eine Durchbrechung der zuletzt geschilderten Verdrängungsblockaden kann selbstredend nur von ICH BIN AKTIVEN ausgehen. Diese benötigen dafür als notwendige Voraussetzungen zunächst zweierlei. Zum einen charismatische Führungspersönlichkeiten. Zum anderen eine Bewegungsvernetzung mit Gleichgesinnten, für die das dafür erforderliche ANDERS ALS BISHER eine Herzensangelegenheit ist.

Eine dergestalt notwendige – keinesfalls jedoch schon hinreichende Voraussetzung – erfüllt aktuell die FRIDAY-FOR-FUTURE-Bewegung mit deren Gründerin Greta Thunberg. Das Problem ist nur: Das verbindende Leitmotiv dieser Bewegung ist bisher notgedrungen nur auf das WAS beschränkt. Zum WIE einer weltumfassenden CO_2-Verbrauchsminderung einschließlich dem dafür notwendigen Systemwandel trifft diese Bewegung verständlicherweise keine konkret fassbaren Aussagen. Das wäre nebenbei von einer inzwischen 17-Jährigen samt deren überwiegend jugendlichen Unterstützern wohl auch zu viel verlangt.

Soll der aktuelle Begeisterungsmodus für diese Bewegung um ein WIE verstärkt und damit aus dieser eine politisch wesentlich durchschlagendere Kraft für das ANDERS ALS BISHER geschaffen werden, dann bedarf es für Erstere einer sozialpolitischen Unterfütterung. Dafür reichen die häufig komplexen, wenngleich verdienstvollen, Umwandlungskonzepte für unser marktwirtschaftlich-kapitalistisches System ohne eine weitere Konkretisierung und werbewirksame Verdichtung derselben nicht aus. Egal ob man die Umwandlungskonzepte über eine **Gemeinwohl-Wirtschaft,** über genossenschaftliche **Assoziierungen** und mit einer parallelen, ökologischen Agrarwende und/oder noch komplexeren, aber doch immer noch sehr abstrakten Konzepten zusammengefasst transportieren will.[5]

Es braucht also für das WIE eines sehr konkreten und zugleich massenwirksamen Mantrams. Genau das leistet zum Entkoppelungseinstieg von Wachstum und

Ressourcenverbrauch ein substanzielles BGE. Mit diesem lassen sich auch die vor allem die in der BRD unterschwellig besonders verbreiteten Wandlungs- und Abstiegsängste auffangen. Umsetzbar wird das substanzielle BGE aber erst mit Unterstützung durch so starke Bewegungen wie FRIDAY FOR FUTURE, ATTAC und anderen. Mit diesen kann bei genügend Pressebegleiteter und ernsthafterer Parlamentarier-Unterstützung als bisher eine nachhaltige Klimapolitik und zugleich ein gesamtgesellschaftliches ANDERS ALS BISHER auf den Weg gebracht werden. Zumindest soweit, als potenzielle Bewegungsträger der Kreis der ICH BIN AKTIVEN dafür ausreicht.[6]

Dagegen wird man aus der Gruppierung der SCHLAFWANDLER mit der Perspektive einer Verteuerung von ökologisch schädlichem Konsum und sozialpolitischem Systemwandel nicht sehr viel Anhänger für ein ANDERS ALS BISHER gewinnen können. Für diese Gruppe löst schon das Wort Konsumverzicht überwiegend negative Assoziationen und damit zumindest unterschwellige Abwehrreaktionen aus. Letztere werden von diesen argumentativ häufig tatsachenverdrehend begründet. Dagegen hilft nach meiner Einschätzung nur die bereits in Kap. 9 angedeutete Strategie. Nämlich eine zusammenfassende und zugleich eingängige Vorteilsbetonung des Paradigmawechsels ANDERS ALS BISHER. Dafür konsultierten Werbefachleuten würde ich diesbezüglich z. B. empfehlen, sich um Verbesserungen von zielkennzeichnenden Schlagworten wie SICHERHEIT GEWINNEN – RESSOURCEN SCHONEN zu bemühen.[7]

Endnoten
1. J. Lepore (2019). DIESE WAHRHEITEN, Geschichte der vereinigten Staaten von Amerika, C.H.BECK, Seite 775 f.
2. Hierbei handelt es sich um die §§ 13 a, 13 b und c des ErbStG, die eine vielfach vollständige Befreiung von vererbten Firmenvermögen ermöglichen. Diese äußerst komplizierten und umstrittenen Befreiungsregelungen waren Gegenstand von Bundesverfassungsgerichtsentscheidungen mit letztlich unbefriedigenden Ergebnissen.
3. Die Steuerzahler, denen ein Mehrbeitrag abverlangt wird, sehe ich keinesfalls als „Verlierer". Dass ein Grundeinkommen auch für diese absichernde Vorteile bietet, haben wir bereits in Kap. 7 ausgeführt. Außerdem sehe ich einen Mehrbeitrag zur Verbesserung des sozialen Zusammenhalts – was substanzielle Grundeinkommen mit Sicherheit leisten – auch für die Mehrzahler als „Gewinn".
4. Den Statistischen Jahrbüchern konnte ich nur den gruppenweisen Einkommensdurchschnitt entnehmen. Diesen musste ich für die zu behandelnden Fragen auf dem Schätzwege interpretieren.
5. Zur diesbezüglichen Kurzdarstellung einschließlich ausführlichem Literaturnachweis siehe E. U. von Weizsäcker (2017). Club of Rome: Der große Bericht WIR SIND DRAN; Seite 298 ff
6. ICH BIN AKTIVE sind für mich keinesfalls nur sogenannte „Gutmenschen". Erstere werden für mich vielmehr als deren Vorbild durch den von Goethe beschriebenen

Dr. Faustus repräsentiert. Dieser ließ sich bekanntlich, um sich weiter entwickeln zu können, auf einen Pakt mit Mephistopheles, also mit den Teufeln ein.
7. Mit der Kategorie SCHLAFWANDLER versuche in Anlehnung an C. Clark einen eher phasenbegrenzten Verhaltenszustand bestimmter Personenkreise zu benennen. Das von Clark beschriebene Verhalten der vor und während des ersten Weltkriegs einflussreichen Führungseliten erklärt R. Steiner mit deren während der von Clark beschriebenen Phase „herabgedämpftem Bewusstsein".

Literatur

Lepore, J.(2019). DIESE WAHRHEITEN – Geschichte der Vereinigten Staaten von Amerika. München: BECK.
Weizsäcker, E. U. (2017). Club of rome: Der große Bericht-WIR SIND DRAN.

Grundsätzliches – Resümee 11

Leser, die dieses Buch bis zu dieser Stelle aufmerksam mitverfolgt haben, gehören für mich zu jener problemaufgeschlossenen Minderheit, von der Impulse oder zumindest Unterstützungen für ein ANDERS ALS BISHER erhofft werden können. Aber auch für sie als besonderem Leser werden offene Fragen verblieben sein, z. B., ob das vorgestellte, substanzielle BGE die von mir beschriebenen Vorteile auch tatsächlich erreichen kann? Oder ob an den von vielen BGE-Ablehnern beinahe reflexartig vorgetragenen Totschlagargumenten, wie

- dann bricht die Wirtschaft zusammen, weil kaum noch jemand arbeiten will,
- oder: Dann steigt das Preisniveau in Höhe des BGE und niemand hat letztendlich etwas davon

nicht doch zumindest irgend etwas dran ist?

Insbesondere auch auf derartige Zweifel soll im Folgenden in dem begrenzten Umfang, den ich in einem zusammenfassenden Abschluss noch an Ergänzungshinweisen auf solche grundsätzlichen Einwendungen als sinnvoll erachte, eingegangen werden.

11.1 Inflationsfreies Grundeinkommen – soweit substanziell

Gegen etwaige Inflationsgefahren durch eine BGE-Einführung sprechen bereits folgende Rahmenbedingen sowie Einbettungszusammenhänge in unsere Volkswirtschaft:

- Zum einen die geringe Quote, die ein BGE-verursachter Mehrkonsum allenfalls am Brutto-Inlandsprodukt ausmachen kann. Im Falle der von mir vorgestellten

BGE-Architektur beträgt der Mehrkonsum weniger als 10 vom Hundert des Brutto-Inlandsprodukts der BRD.
- Zum anderen übersteigt bereits der strukturelle BRD-Leistungs-Bilanzüberschuss von mehr als € 300 Mrd. pro Jahr die für meine Architektur maximal zu erwartenden Konsumsteigerungen. Diesen welthandelsschädlichen Leistungsbilanzüberschuss habe ich in Kap. 9 als dringend zu vermindern herausgestellt. Dementsprechend sind auch nachhaltige Importsteigerungen für die Befriedigung von BGE-Konsumsteigerungen nicht nur möglich, sondern dringend notwendig. Das allein mindert erheblich jedwedes Inflationspotenzial.

Des Weiteren sprechen die hohen nationalen wie internationalen Produktionsreserven für wichtige inländische Konsumbereiche wie Nahrung, Kleidung, Urlaub, Verkehr und beratungsintensive Dienstleistungen gegen jedwede BGE- Inflationierung des gesamten Preisniveaus. Allenfalls für die ungewollten und CO_2-schädlichen Ressourcenverbräuche wird es – schon weil bewusst zu veranlassen – zu nennenswerten Preissteigerungen in den hiervon betroffenen Märkten kommen. Das aber ist primär kein BGE-Effekt.

Mein Begründungskern für die grundsätzliche Inflationsfreiheit des substanziellen Grundeinkommens liegt in der Tatsache, dass die Steuererhöhungen zu dessen Finanzierung – mit Ausnahme der CO_2-Steuer und einem nicht ins Gewicht fallenden Wegfall von MwSt-Vergünstigungen – unternehmerisch nicht eingepreist werden. Insofern und insoweit kann ich nur nochmals vor einem konsumsteuerfinanzierten BGE warnen. Denn: Jede MwSt-Erhöhung wirkt ab einer gewissen Größenordnung – das lernt jeder Volkswirt im ersten Semester – preisbildend. Wollte jemand ein wie hier vorgeschlagenes BGE von € 1500,– pro Monat ausschließliche über Konsumsteuern finanzieren, so wäre dafür nach Berechnungen von VERDI die MWSt-Sätze auf 150 % anzuheben. Das würde in der Tat, wie von den Gewerkschaften zu Recht kritisiert, zu wirtschafts- aber auch sozialpolitisch nicht verkraftbaren Preissteigerungen führen.

11.2 Leistungs- und Solidaritätsbereitschaft

Ein nicht unbeträchtlicher Teil unserer Bevölkerung vertritt die aus meiner Sicht irrige Meinung, dass alle Menschen nur gegen Geld oder durch ökonomischen Zwang zu der für unser wirtschaftliches Wohlergehen erforderlichen Leistungserbringung bereit sind. Dass jedoch viele – keinesfalls alle – unserer Mitbürger schon über möglichst anerkannte Leistungen für andere eine tiefe Befriedigung erfahren, das beweisen nicht zuletzt die jüngsten Forschungsberichte von M. Bohmeyer und C. Cornelsen (2019). Dass viele führende und wirtschaftserfahrene Persönlichkeiten schon früher eine tiefverankerte Leistungsbereitschaft seitens der Mehrheit unserer Bevölkerung sehen, darauf werde ich in noch im Einzelnen eingehen. All das bestärkt mich zu der festen Überzeugung, dass ein substanzielles BGE zu keinerlei wirtschaftsgefährdenden Verhaltensänderungen führt.

11.2 Leistungs- und Solidaritätsbereitschaft

Ein „aus innerem Antrieb leisten wollen" geht bei nicht wenigen der so motivierten Personen einher mit einer zumindest latenten Solidaritätsbereitschaft. Ein Solidaritätsbewusstsein dürfte jedoch auch bei vielen dieser Personen bisher kaum vorhanden sein. Das allerdings sollte Niemanden angesichts der in nahezu allen Parteien einschließlich deren Vertretern anzutreffenden Wertedegeneration nicht verwundern. Nach dem Verschwinden des Proletariers ist von der ehemals gewerkschaftsorganisierten Arbeitnehmersolidarität nur noch das oben beschriebene Ethos der Erwerbsarbeit neben einem immer schwächeren Bestreben nach Ausbeutungsverhinderung verblieben. Angesichts solcher Idealverflachungen verleiht mir allein die drohende Umweltapokalypse gewichtige Gründe dafür, an die bereits beschriebene und eingeforderte Klimasolidarität als real in absehbarer Zeit umsetzbar zu glauben.

Als Voraussetzung für eine noch rechtzeitige Umsetzung sehe ich das zuletzt in Kap. 10 beschriebene Narrativ „SICHERHEIT GEWINNEN – RESSOURCEN SCHONEN". Dies Narrativ fasst die oben vorgestellte Architektur der

- bevormundungsfreien und entbürokratisierten Unterstützung Bedürftiger
- bei einem systemverändernden Mehr an Chancengerechtigkeit, Selbstbestimmung und Solidarität

zu einem zugleich klimasolidarischen und damit ganzheitlichen Konzept für einen umfassenden Systemwandel zusammen.

Die in obigem Zielbündel vereinigten Teilziele verstärken sich, wie bereits beschrieben, gegenseitig. Sie wirken aber nur über das Narrativ *Grundeinkommen* konkret genug für dafür notwendige, parlamentarische Debatten für die Integration von BGE, Kapitalismuswandel und nachhaltige Klimapolitik.

Es ist ganz entscheidend, mit einem solchen Narrativ die in Kap. 6 vorgestellten Standards zu verbinden. Nach diesen Standards gehört und erfordert ein substanzielles Grundeinkommen vor allem eine auf Verteilungsgerechtigkeit ausgerichtete Reform unseres Steuerregimes. Diese wird ergänzend auch auf das Einkommensteuersystem ausgeweitet. Die dadurch erreichte Umverteilungswirkung wird in Abb. 11.1 verdeutlicht.

Als Zwischenresümee sei thesenartig Folgendes für die anschließende Ergebnisvertiefung vorangestellt:

- Ohne das Narrativ *bedingungsloses Grundeinkommen* wird es keiner Koalition der im Bundestag vertretenen Parteien gelingen, wirksame Systemänderungen zur Gewährleistung von mehr substanzieller Chancengerechtigkeit umzusetzen;
- genauso wird ohne dieses Narrativ keine noch rechtzeitige Begrenzung der Erderwärmung über eine internationale Klimasolidarität erreichbar sein;
- ferner ist die für mehr Verteilungsgerechtigkeit notwendige Neugestaltung des Erbschaftsteuerregimes nur für und mit einer substanziellen Grundeinkommenseinführung politisch erreichbar.

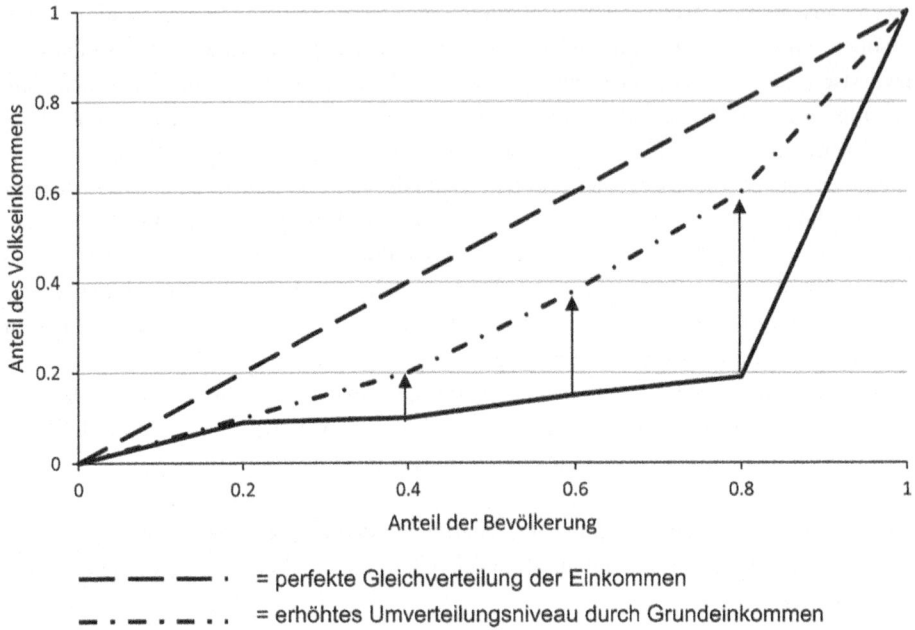

— — — — · = perfekte Gleichverteilung der Einkommen
— · — · — · · = erhöhtes Umverteilungsniveau durch Grundeinkommen

Abb. 11.1 Fairere Einkommensverteilung

11.3 Anreize auch für sozialpolitische Schlafwandler

Nach den rund Tausend Leserbriefen zu meinem in 2019 für obigen Plan in SPIEGEL ONLINE geführten Streitgespräch samt Interview sind hierzu zum Teil nur noch dünne, vielfach aber noch dicke Bretter zu bohren. Vielen Mitbürgern fehlt es für einen konstruktiven BGE-Diskurs schlicht an volkswirtschaftlichen Grundkenntnissen. Das macht es Disruptoren leicht, die besonders in der BRD unterschwellig stark ausgeprägte Inflationsangst gegen jedwede BGE Vorschläge als Totschlagargument zu aktivieren. Ähnliches gilt für den extremen Egoismus und degenerierten Materialismus, den selbst viele SPIEGEL-Leser ihren Mitmenschen und manchmal sogar sich selbst unterstellen. Hierzu ist auch die Presse gefordert, viel breiter als bisher auf die oben vorgestellten, objektiven Vorteile und letztlich auch der umweltpolitischen Notwendigkeiten eines substanziellen BGE einzugehen.

Mit wachsender Aufklärung über die Vorzüge und das Funktionieren der hier vorgestellten Reformarchitektur dürfte die aktuelle Zustimmungsquote von etwas mehr als 50 vom Hundert der Gesamtbevölkerung weiter ansteigen. Diese Quote dürfte bei weiteren Aufklärungen über das System eines substanziellen Grundeinkommens und den damit einhergehenden Solidaritätsverbesserungen weiter ansteigen. Dies wird durch Abb. 11.2 verdeutlicht.

11.3 Anreize auch für sozialpolitische Schlafwandler

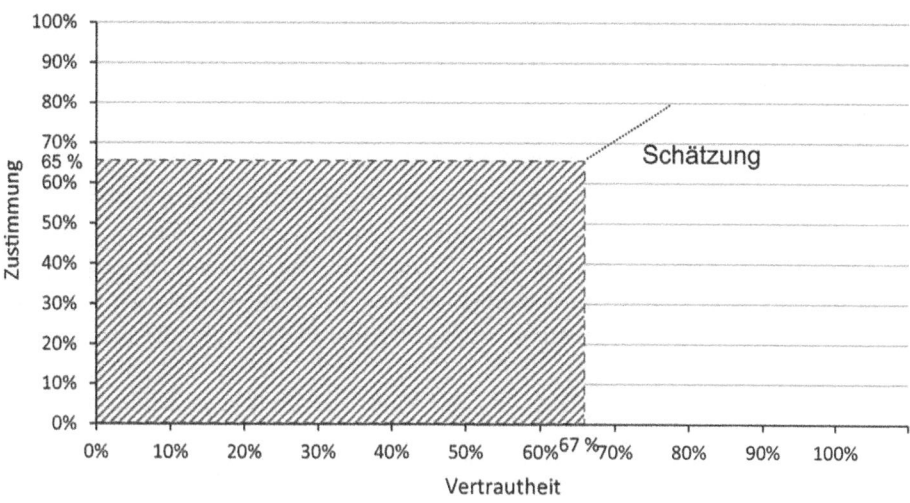

Abb. 11.2 Vertrautheitsabhängiger Zustimmungszuwachs

Die schwer zu leugnende Reformnotwendigkeit samt befragungsunterlegter Reformaufgeschlossenheit der Gesamtbevölkerung korrespondiert keinesfalls mit diesbezüglichen Aktivitäten der im Bundestag vertretenen Parteien. DIE GRÜNEN haben sich im Oktober 2019 die „Entkoppelung von Wachstum und Ressourcenverbrauch" als abstraktes Leitziel vorgegeben. Wie sie dies konkret erreichen wollen, dazu sagen sie jedenfalls nichts, was in absehbarer Zeit überprüfbar sein könnte. Insbesondere scheinen sie ihre konkreten, sozialpolitischen einschließlich grundsicherungsmäßigen Ansätze zunächst auf Eis legen zu wollen. DIE LINKE ist reformerisch bisher nicht geschlossen als Partei, sondern eher durch sich zum Teil gegenseitig aufhebende Vorschläge ihrer (bisherigen) Vorstandsmitglieder hervorgetreten. Für DIE LINKE bemerkenswert ist allerdings das langjährige Engagement ihrer bisherigen Vorsitzenden Katja Kipping für ein *bedingungsloses Grundeinkommen*. Sie scheint sich damit jedoch parteiübergreifend (noch) nicht durchsetzen zu können.

Die SPD versucht aktuell (Stand Dezember 2019) sich selbst neu zu erfinden. Immerhin ist sie bereit, sich von ihrem bevormundendem Hartz- IV-Konzept zu verabschieden. Ob sie sich von ihrer bisherigen Dogmenabhängigkeit zur Erwerbsarbeit, die sie ihren Wählern *sozialkatholisch* aufzuoktroyieren versuchte, vollständig zugunsten einer freiheitlich-eigenverantwortlichen Sozialpolitik im hier vorgestellten Sinne durchringen kann, das bleibt abzuwarten.

Dagegen ist bei der CDU/CSU von substanzieller Reformbereitschaft bisher wenig zu erkennen. Sozialpolitik gehört unverändert nicht zu ihrem Markenzeichen. Eher erscheint sie immer noch als plutokratisch anfälliger Unterstützerverein einer „Konzernkanzlerin", wie Thilo Bode dies nennt (Bode 2018). Ihre offensichtliche Prägung durch den sogenannten Neoliberalismus hat in ihren Reihen keine sich exponierende

Opponenten gefunden. Eher im Gegenteil finden **gerade bei der Jungen Union marktradikale Dogmen – etwas ummantelt mit umweltschonender** Ordnungspolitik – eine bemerkenswerte Aufnahmebereitschaft. Letzteres trifft noch extremer für die FDP zu. Bei dieser hört man unverändert wenig von deren *Bürgergeldkonzept*. Von diesem weicht die hier vorgestellte Architektur ohnehin substanziell ab.

Beim Abgleich der zuletzt skizzierten Bewusstseinslage mit dem aktuell überfälligen, sozial- und umweltstrategischen Handlungsbedarf komme ich durchaus zu Parallelen mit der Schlafwandler-Elite, wie sie nach C. Clark vor und während des ersten Weltkriegs die Geschicke Europas in den Abgrund führte. Zumindest frage ich mich, wie man nennenswerte Abgeordnetengruppen aus CDU und FDP für die hier geschilderten Problemlösungen gewinnen kann?

Haben wir es hier, insbesondere was den Ernst der drohenden Klimaapokalypse betrifft, bei diesen nur mit einer vorübergehenden Bewusstseinstrübung zu tun? Oder doch schon mit dem, was in biblischen Termini als Verstocktheit bezeichnet wird?

11.4 Ganzheitlichkeit statt Flickschusterei

Bei Entscheidungen über das Ob und Wie der hier vorgestellten Reformarchitektur geht es nicht nur um viel Geld, sondern um nicht weniger als eine Art *Kulturrevolution*. Ohne einen entsprechenden Systemwandel wird ein Zusammenhalt unserer Gesellschaft auf Grundlage des bisherigen demokratischen Wertekanons, wie wir ihn bereits umrissen haben, nicht zu gewährleisten sein. Denn die nachhaltige Aufrechterhaltung des bisherigen Zusammenhalts bedarf eines Ausbaus des in Kap. 6. skizzierten, synergetischen Basisniveaus (SBN). Dieses erfordert ein Mindestmaß an gelebter Solidarität. Letzteres – darauf habe ich in demselben Abschnitt hingewiesen – degeneriert derzeit unübersehbar. Das verdeutlichen vor allem die in Kap. 1 aufgeführten Statistiken. Danach erleben wir eine voranschreitende Vermögenskonzentration, welche wiederum auf die auch aus anderen Gründen zunehmende Einkommensspreizung ausstrahlt. Dagegen hilft nur eine ganzheitliche Reform mit der in Kap. 7 vorgestellten Architektur. Über diese lässt sich das insbesondere seit Mitte der 90er-Jahre kränkelnde Solidaritätsniveau (SN-1) zu einem integrationsstiftenden Potenzial (Abb. 11.3, SN-2) sanieren.

Ich erlaube mir an dieser Stelle, nochmals zu wiederholen, dass das als SN-2 in Abb. 11.3 ausgewiesene Niveau nur über eine *substanzielle Grundeinkommenseinführung* erreichbar ist. Ein aktives Einstehen für ein solches Grundeinkommen bildet das notwendige Narrativ für die abgebildete Ausweitung des Solidaritätsniveaus. Genauso ist ohne ein solches Narrativ die parlamentarisch notwendige Umsetzung der zur Grundeinkommenseinführung notwendigen Steuererhöhungen nicht erreichbar. Jedwede Art von Steuererhöhungen ist zum Scheitern verurteilt, wenn deren Notwendigkeit nicht nachvollziehbar erklärt und von der Bevölkerungsmehrheit mitgetragen wird. Dass dem so ist, konnten DIE GRÜNEN in noch nicht ferner Vergangenheit erfahren. Sie erwogen Steuererhöhungen wie eine Art Experiment. Dafür wurden sie bekanntlich

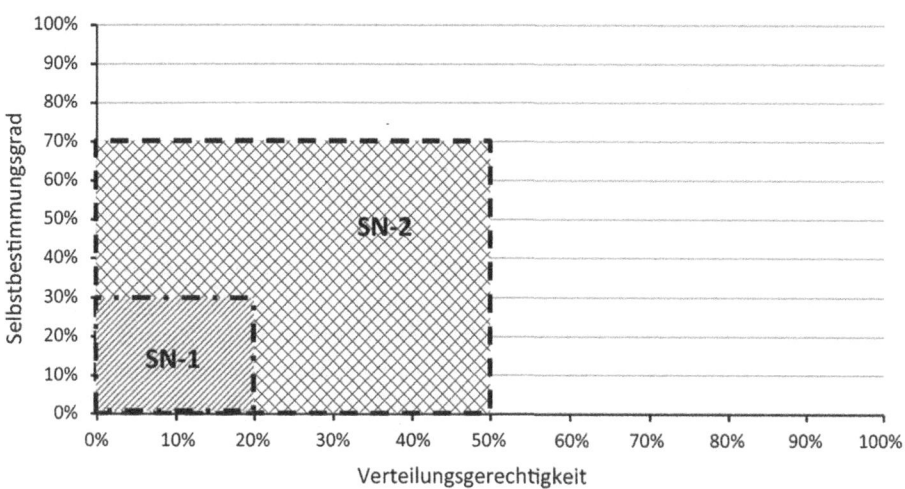

SN-1: Derzeitiges Hartz-IV-Systemniveau
SN-2: Niveau nach ganzheitlicher Grundwertereform

Abb. 11.3 Solidaritätsniveauvergleich

von den Wählern abgestraft. Diese wollen verständlicherweise wissen, wofür derartige Erhöhungen notwendig und effektiv sein sollen.

Aus den genannten Gründen sollte sich allen voran die SPD von ihrer bisherigen, sozialpolitischen Insellösungspraxis verabschieden. Einerseits sind Insellösungen nicht nachhaltig. Das lehren ihre bisherigen Versuche zur Sicherung einer Mindestrente und ihre auch ansonsten gut gemeinte Hilfen für benachteiligte Gruppen zur Verbesserung von deren Rentenanspruchsniveaus. Für all dies ließ sich eine breitere Bevölkerungsgruppierung nicht begeistern. Schon dadurch verminderte sich ihr Verteilungsspielraum für sozialpolitische Verbesserungen. Vielleicht entwickeln nunmehr Jusos und neue Parteiführung erste Ansätze zu einer (klima)solidarisch – ökologischen Ganzheitlichkeit.

11.5 Zielsetzungsangst und Kampfmodus

Hauptauslöser für den seit über 10 Jahren zu beobachtenden, sozialpolitischen Reformattentismus sind verschiedenen Perspektivverengungen. Sie sind häufig ideologisch verursacht. Das gilt insbesondere auch für einen nicht kleinen Kreis von Wirtschaftswissenschaftlern. Auch auf diese hat der Siegeszug des Neo-Liberalismus in den USA und Großbritannien ausgestrahlt. Dasselbe gilt auch für große Teile der Presse. Und: Noch ist in der SPD und in Teilen von DIE LINKE der Kulturkampf um die Dominanz von Erwerbsarbeit nicht vollständig überwunden. Daran haben bisher auch die in

Kap. 3 geschilderten Digitalisierungsherausforderungen wenig geändert. So dürfte es niemanden verwundern, dass sich von den im Bundestag vertretenen Parteien mit Ausnahme von DIE GRÜNEN und Jusos kaum jemand über einen neuen Gesellschaftsvertrag der in den Kap. 6 und 7 ausgeführten Art überhaupt Gedanken macht. Die meisten Fraktionsmitglieder fühlen sich bisher durch Debatten über die bereits geschilderten Flickschustereien offensichtlich mehr als genug gefordert.

Antreiber für die flickschusterhaften Inselreformen der letzten 10 Jahre war stets die SPD. Die CDU hat sich dann wie ein Einheger der SPD verhalten. Für Erstere schien es primär darum zu gehen, ihre schwarze Null zu sichern.

Andererseits: Von den Oppositionsparteien wurden nicht einmal Debatten, geschweige denn Gesetzesinitiativen für die hier geschilderte Verzwergung der Erbschaftsteuer angestrengt. Vielmehr haben auch sie bisher die besorgniserregende Vermögenskonzentration und Einkommensspreizung demütig und mehr oder weniger schicksalsbedingt hingenommen.

Die dystopischen Auswirkungen des obigen Attentismus auf die Gesamtbevölkerung sind unverkennbar. Es wächst die Angst vor Altersarmut. Zugleich steigt eine unterschwellige Zukunftfurcht. Alleinerziehende wie auch andere Mütter nehmen immer mehr die ihnen bei Ehescheidungen drohenden Abstiegsgefahren wahr. Dasselbe gilt auch für eine ihren Kindern drohende Armut. Hinzu kommt ein wachsendes Unbehagen aufgrund der viel diskutierten Digitalisierung. Als ob das noch nicht genug wäre: Die vorgenannten Verunsicherungsprozesse werden begleitet von dem Gefühl eines Ausgeliefertseins gegenüber den Gefahren des Klimawandels. Hinzu kommen die Auswirkungen des unüberschaubaren weltweiten Migrationsprozesses. All diesen Prozessen gegenüber scheint die Politik immer mehr Bürgern untätig zu sein oder hilflos zu reagieren.

Wohin solcher Art dystopische Auswirkungen führen, wurde in einem unübersehbaren Ausmaß mit der im Jahre 2016 allmählich abklingenden Migrationswelle deutlich. Wie aus heiterem Himmel war ein sprunghaftes Vordringen der AfD zu verzeichnen. Damit wurde der Begriff *Autoritäre Bewegungen* wie auch *Populismus* in der BRD zur Standardvokabel. Es zeigte sich, dass immer breitere Bevölkerungsteile ihr Unbehagen durch Unterstützung autoritärer Bewegungen beantworteten. Inzwischen haben ähnliche Bewegungen als politische Parteien die Herrschaft über Polen, Ungarn und tendenziell auch Italien übernommen. Daneben entstand das Phänomen Donald Trump in den USA. Die in diesen Ländern unverkennbar dystopischen Abstiegsprozesse werden ohne eine ganzheitliche Reformpolitik auch nicht von der BRD abgewendet werden können. Diesen Zusammenhang bringt der Journalist Andreas Zielcke in der SZ wie folgt auf den Punkt:

> *[Im restlichen Europa, soweit dieses noch nicht von autoritären Parteien dominiert wird], tut kein Regierungschef [mit Ausnahme von Macron] etwas [...]; die extreme ökonomische Ungleichheit und dramatische Spaltung der Gesellschaften wird hingenommen wie eine Naturgewalt; die marode Infrastruktur löst Achselzucken aus wie auch der Wohnungsnot-*

11.5 Zielsetzungsangst und Kampfmodus

stand; an die Big-Data-Industrie, die außer Kontrolle geraten ist, wagt sich oder will keiner ran; und so fort (Zielcke 2018).

Ich stimme mit der von Zielcke gegebenen Zustandsbeschreibung vollumfänglich überein. Ergänzend möchte ich anfügen, dass ein Andauern des sozialpolitischen Attentismus letztendlich autoritären Bewegungen wie der AfD zugutekommen wird. Das gilt aus meiner Sicht selbst dann, wenn in den nächsten Jahren, woran ich keinesfalls glaube, die Migrationsprozesse nicht mehr für zunehmende Verunsicherung Veranlassung geben.

Zielcke appelliert ergänzend in seinem oben zitierten Artikel an das Verantwortungsgefühl demokratisch orientierter Politiker:

Nur zupackende Politik vermeidet Souveränitätsverluste. Schließlich behauptet nur der sich selbst, der all die wirtschaftlichen, technischen und demografischen Zäsuren, disruptiven Neuanfänge und Wenden so mitgestaltet, dass er nicht von ihnen überrollt wird. Lautet so nicht die Definition von Souveränität? Vorausgesetzt ist natürlich, dass liberale Demokratien sich in ihrem Staat politisch nicht mehr so beschämend kleinmachen, sondern sich wieder seiner bemächtigen (Zielcke 2018).

Fraglich ist indes, ob noch genügend Zeit bleibt für eine derart „zupackende Politik". Auf jeden Fall bedarf es dazu einer anderen Qualität an Vordenken, der Überwindung der von Angela Merkel etablierten Zielsetzungsangst und der Bereitschaft, sowohl gegenüber der AfD als auch anderen strukturkonservativen Beharrungskräften in einen aktiven Auseinandersetzungs- und sogar Kampfmodus voranzuschreiten. Dazu folgendes Zwischenresümee:

These I
Es besteht vorab dringender Aufklärungsbedarf zu den systemischen Stabilisierungschancen durch substanzielle Grundeinkommen. Insbesondere aber auch zu den Konsequenzen weiterer Umsetzungsverweigerungen hierfür. Dasselbe gilt für Klimasolidarität und nachhaltige Umweltpolitik.

These II
Wir bedürfen auch in der BRD – wie im Falle von Frankreich durch Macron – Politikerpersönlichkeiten, die die in Kap. 6 aufgeführten Werte und Standards vermitteln und zu deren Umsetzung mit leidenschaftlichem Einsatz bereit und in der Lage sind.

These III
Zivilgesellschaft, veröffentlichte Meinung sowie ICH BIN AKTIVE Abgeordnete müssen initiativer als bisher die Aufweckung von öffentlichkeitsdominanten Schlafwandlern zu obigen Werten und Zielen betreiben und zu einem Kampfmodus gegen die wiederstreitenden INKORPORIERTEN voranschreiten.

11.6 Erfahrungseinsichten überwinden Vorurteile

Persönlichkeiten mit parlamentarischer Verantwortung, die sich bereits dem Diskurs ganzheitlicher Reformen verweigern, liefern für mich bestenfalls den Beweis für ihr bewusstseinsmäßiges Eingetrübtsein zu einem Schlafwandlermodus. Im schlimmsten Fall muss man sie jedoch zu den Inkorporierten und damit zu den hartnäckigen und nicht selten wirklich gefährlichen Fortschrittsbekämpfern zählen. Dafür werden Psychologen, Soziologen und sonstige Verhaltensforscher üblicherweise eine Vielzahl ganz anderer Begriffe und Erklärungsmuster verwenden. Viele werden diesbezüglich von Studienergebnissen berichten, wonach viele hochintelligente Personen jede Form von ihnen bisher nicht bekannten Neuerungen instinktiv und nicht selten ungeprüft ablehnen. Insbesondere lehnen sie Neuerungen kultureller Art ab. Sie sind schlicht und einfach nicht zu unbequemen Auseinandersetzungen bereit. Derart motivierte Ablehnungen mögen im Falle des bedingungslosen Grundeinkommens dadurch noch verstärkt werden,

a) dass viele Abgeordnete ihren Mitbürgern misstrauen,
b) insbesondere trauen sie ihren Mitbürgern keinen eigenverantwortlichen Gebrauch von zusätzlichem Freiheitsspielraum dergestalt zu, dass unser wirtschaftliches Wohlergehen auch nach einer BGE-Einführung erhalten bleibt;
c) anders ausgedrückt: Sie halten die Freiheitsfähigkeit ihrer Wähler – auch, was deren Leistungsbereitschaft samt Berufs- und Konsumentscheidungen betrifft – für begrenzt, wenn nicht sogar für vorherrschend unterentwickelt.

Nun liegt mir nichts mehr fern, als Weltanschauungen von Abgeordneten, wie auch die von anderen Zeitgenossen, zu kritisieren. Das ist zunächst deren eigene Angelegenheit. Für Bundestagsabgeordnete gilt jedoch insoweit etwas anderes, als sie eine erhebliche Verantwortung für die Gesamtbevölkerung und deren Entwicklungsmöglichkeiten tragen. Insofern halte ich es für notwendig, auch der Frage nachzugehen: Wie können, zumindest tendenziell, lernbereite Abgeordnete für ein Mehr an Vertrauen in ihre Mitbürger gewonnen werden?

Ich meine, durch verstärkte Kommunikation einschließlich Reflexionsangeboten für positive Lebenserfahrungen. Hierzu können, wie bereits oben angedeutet, auch Grundeinkommensnetzwerke wie z. B. MEIN GRUNDEINKOMMEN e. V. beeindruckendes, biografisches Material liefern. Fast alle der inzwischen über dreihundert BGE-Empfänger dieses e. V. wurden nach ihren Aussagen durch Letzteres biografisch stabilisiert. Viele konnten erst dadurch ihre Kreativität voll entfalten indem sie diese Art von Unterstützungen für ihr berufliches Weiterkommen genutzt haben. Im Übrigen sprechen auch sonstige Erfahrungsberichte und sogar Statistiken dafür, dass

- sich bekanntlich eine Vielzahl von Personen ehrenamtlich engagieren. Vielfach sogar in einem Maße, dass dies für sie karrieregefährdend werden kann;

- sich viele Aktivisten unentgeltlich für Ziele mit politischer Agenda einsetzen;
- sich viele Personen als *Integrationspaten* ab 2015 engagiert haben; es sind gerade diese Persönlichkeiten, die eine einigermaßen tragfähige Eingliederung des großen Flüchtlingsstroms überhaupt erst ermöglicht haben;
- viele auch gut versorgte Rentner und Pensionäre einer für sie sinnvollen Tätigkeit nachgehen;
- sich Viele in Umweltprojekten, für die freiwillige Feuerwehr oder sonstige Gemeinschaftsprojekte einbringen.

Wenn Viele dieses auch statistisch nachweisbar tun, so heißt das keinesfalls alle. Vielmehr gibt es durchaus eine Reihe von Personen, denen man eine gewisse Trägheit attestieren muss. In jedem Fall sollten schon solche einzelbiografisch belegbare Erfahrungen die Einsicht festigen, dass ein bedingungsloses Grundeinkommen von € 1500 pro Monat einen für die Gesamtbevölkerung positiven Aufschwung gerade wegen der voranschreitenden Digitalisierung bewirken dürfte. Allein schon diese Wahrscheinlichkeit rechtfertigt für mich die Einführung eines substanziellen Grundeinkommens.

Zur Überzeugung parlamentarischer Zweifler sollten diesen die vorgenannten Beispiele noch stärker als bisher z. B. von den Grundeinkommensnetzwerken aktiv vermittelt werden. Insbesondere die vielen Positivbeispiele solcher Personen, die über Grundeinkommen ihre beruflichen Aktivitäten bis zur Gründung neuer Unternehmen weiterentwickelt haben.

11.7 BGE-Perspektiven für Kapitalismuswandel

Für die zur Abwendung einer Klimakatastrophe immer stärker eingeforderte Entkoppelung von Wachstum und Ressourcenverbrauch gibt es zu deren Umsetzung recht unterschiedliche Auffassungen. Diese reichen von **Degrowth**-Strategien über die bereits angedeutete **Gemeinwohlwirtschaft** bis zu einer ökologischeren Marktwirtschaft. Allen gemein ist deren Abstraktheit. Dagegen ist ein sozialpolitischer Systemwandel über ein substanziellen Grundeinkommen durchgängig konkret. Nicht zuletzt deshalb kommt dem substanziellen BGE in diesem Kontext eine so zentrale Bedeutung zu. Diese kann man vereinfachend so beschreiben: Das substanzielle BGE allein bewirkt noch keinen zur Abwendung der Umweltapokalypse ausreichenden Kapitalismuswandel. Aber ohne substanzielles BGE bleibt jedweder Kapitalismuswandel unzureichend.

Zudem eröffnet allein schon der Prozesseinstieg zu einem substanziellen BGE vielfältige, erweiterte Umsetzungschancen für ökologisch heilsame Verbesserungen unseres Wirtschaftssystems. Dazu zähle ich vor allem die in der ersten Auflage beschriebenen Assoziierungsmöglichkeiten. Assoziierungen erfordern einen bestimmten Grad der Emanzipation von Arbeit und Einkommen. Sie erfordern ferner ein erhöhtes Selbstbewusstsein der sog. Arbeitnehmer dafür, neue Wege der Zusammenarbeit mit ihren sog.

Arbeitgebern zu gehen. So können gesellschaftsrechtlich organisierte Arbeitsverhältnisse allmählich die völlig veraltete Prägung unseres Arbeitsrechts als Unterordnungsverhältnis durch eine emanzipatorische Gleichrangigkeit ersetzen.

11.8 Vertrauenssetzung fördert Eigenverantwortung

Die Einführung eines substanziellen Grundeinkommens beinhaltet eine weitreichende Vertrauenssetzung der Allgemeinheit in jeden einzelnen Mitbürger. Erstere vertraut darauf, dass jeder Bürger mit seinen Talenten und Möglichkeiten Gegenleistungen über bezahlte Arbeit oder andere der oben geschilderten Leistungsbeiträge zurückgibt. Vergleicht man diese allgemeine Vertrauenssetzung mit derjenigen erfolgreicher Wirtschaftsunternehmen, dann spricht alles für sehr gewichtige Erfolgspotenziale der hier vorgestellten Grundeinkommenarchitektur. Mit dieser wird die Hartz-IV-Bevormundung vollständig abgeschafft. Das allein bedeutet nicht weniger als eine emanzipatorische Kulturrevolution. Erfahrungen erfolgreicher Unternehmen zeigen, dass solcherart Kulturverbesserungen sehr viele Antriebskräfte freisetzen.

Wie wesentlich Vertrauenssetzungen für den Erfolg von Unternehmen sind, darüber wird in vielen Veröffentlichungen berichtet. So auch in der Publikation des Konzernberaters K. Reinhard Sprenger, für den *Vertrauen* neben *Macht* und *Geld* eine der drei großen Steuerungsformen für Unternehmen darstellt (Sprenger 2007). Auf die von ihm gestellte Frage, weshalb Vertrauenssetzung für den Erfolg von Wirtschaftsunternehmen so entscheidend ist, nennt er vier Faktoren. Überträgt man diese in die Erfolgsmöglichkeiten einer zukunftsorientierten Wirtschafts- und Sozialpolitik, so lauten diese wie folgt:

a) Vertrauenssetzungen ermöglichen flexiblere Arbeitsgestaltungen auch und gerade im Zusammenwirken mit der fortschreitenden Digitalisierung,
b) wodurch agile Mitarbeiterpotenziale Unternehmen in Deutschland *schneller machen,*
c) wobei mit der geforderten Agilität zugleich mehr Kreativität und Innovation angeregt wird,
d) was wiederum eine solcherart vertrauenssetzende Sozialpolitik auch wirtschaftlich erfolgreich macht.

Deshalb sehe ich

e) vertrauensgetragene Systeme gegenüber denen kontrollierender Art als stets überlegen an;
f) insbesondere, weil die meisten Menschen Vertrauen benötigen, um die Gemeinschaft einschließlich deren staatlicher Organisation aktiv unterstützen zu wollen; im Umkehrschluss bedeutet dies: Durch obige Vertrauenssetzung lassen sich auch Hasspotenziale verschiedener Bevölkerungsgruppen gegen diesen Staat, wie sie ins-

besondere in östlichen Bundesländern zum Ausdruck kommen, zumindest tendenziell stärker abbauen.

Würde ein Unternehmen so bevormundend und misstrauensgeprägt arbeiten, wie dies über die Job- und Sozialämter im aktuellen Hartz-IV-System geschieht, dann müssten sie früher oder später Insolvenz anmelden. Jedoch ist der Staat oder Teile desselben (hier die Arbeitsmarkt- und Sozialpolitik) nicht insolvenzfähig. Die hohen Sozialausgaben des ineffektiven Hartz-IV-Systems und die Kosten der noch viel mehr ins Gewicht fallenden sozialen Verwerfungen durch dasselbe trägt bekanntlich die Allgemeinheit.

So bleibt die Frage: Wodurch kann die an Fahrt gewinnende Diskussion um ein sozial wirklich hilfreiches Grundeinkommen zu einem Überwinden der geschilderten Mängel an freiheitlicher Solidarität beitragen?

11.9 Wandel statt Chaos

Die zuletzt gestellt Frage, das habe ich schon oben begründet, lässt sich nur bei ganzheitlicher Problemsicht und einer daraus entwickelten, verheißungsvollen Agenda mit zumindest positiven Tendenzen beantworten. SICHERHEIT GEWINNEN – RESSOURCEN SCHONEN sollte dazu ein vorläufiger Arbeitstitel der mit konkreten Strategievorschlägen unterlegten Agenda sein. Eine Agenda, die sozialpolitische (Mehrheits-)Gewinneraussichten mit realistischen Chancen auf globale Klimasolidarität samt nur dadurch möglicher Katastrophenabwehr zu vereinigen verspricht. Das allerdings erfordert einen auch von weitsichtigen und mutigen Politikern mit zu erkämpfendem Einstieg in einen tief greifenden Kultur- und Systemwandel. Soweit zur optimistischen Alternative.

Über die pessimistische Alternative ist inzwischen vieles geschrieben worden. Allen voran über die bei einem kulturellen und sozialpolitischen „WEITER SO WIE BISHER" schon in nächster Zukunft drohenden Umweltverluste. Letztere betreffen zivilisationsnotwendige Naturgrundlagen durch Küstenüberschwemmungen, Verwüstungen, Meeresversauerungen und daraus erwachsende, riesige Klimamigrationsbewegungen und Zivilisationszerstörungen.

Daneben beinhaltet die pessimistische Alternative auch inzwischen bereits Realität gewordene und uns zunehmend bedrohende kulturell-politische Dystopien. Diesbezüglich war z. B. bereits 2004 eine Arbeitsgruppe der American Political Science Association zu dem Ergebnis gekommen, dass die (schon damals in den USA herrschende und seitdem weiter zunehmende) wirtschaftliche Ungleichheit die grundlegenden politischen Institutionen des Landes bedrohe. Parallel dazu entwickelten sich laut J. Lepore in den USA die „sozialen Medien [in] eine Brutstätte für Fanatismus, Autoritarismus und Nihilismus". Das Ergebnis dieser Prozesse erleben wir im aktuellen Trumpismus. Wir sollten, auch wenn die BRD manchen von uns, verglichen mit den

USA derzeit (noch) als Insel der Glückseligen erscheint, nicht so sicher sein, dass wir eine solche Insel ohne beherztes Ergreifen der Wandlungsalternative noch lange bleiben.

Danach stehen wir unmittelbar, ob wir es wollen oder nicht, vor einer epochalen Entscheidung zwischen kulturfortschrittlichem Systemwandel einerseits und apokalyptischem Chaos andererseits. Eine Entscheidung für kulturfortschrittlichen Wandel setzt das oben beschriebene Aktivwerden voraus. Für die Chaos-Alternative genügt dagegen jedweder Reformattentismus einschließlich des WEITER SO WIE BISHER.

All dies soll Abb. 11.4 veranschaulichen.

Was unverzüglich geschehen sollte, ist:

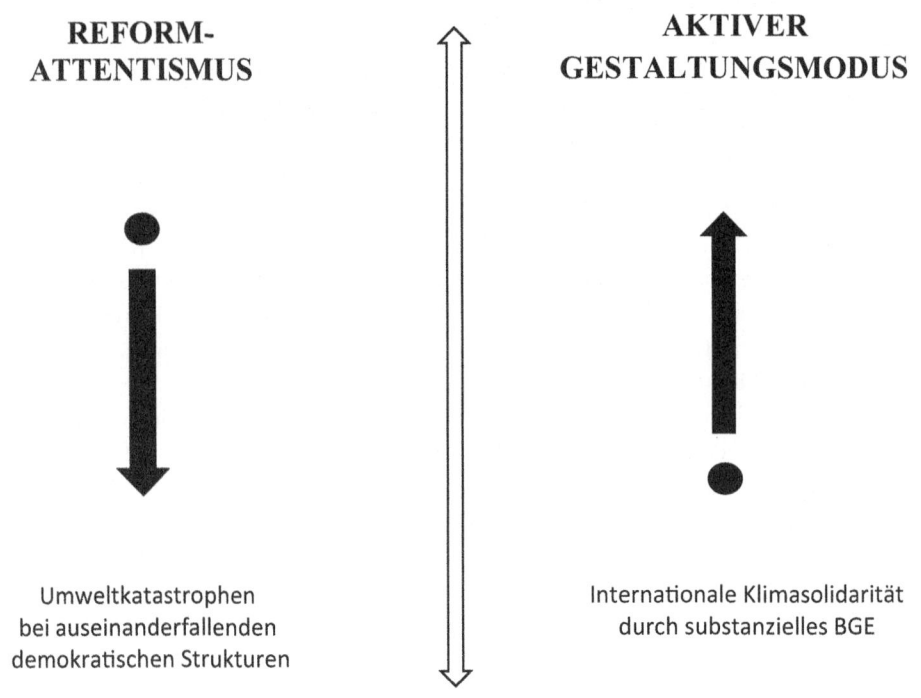

Abb. 11.4 Wandel oder Chaos – Worüber in naher Zukunft zu entscheiden ist

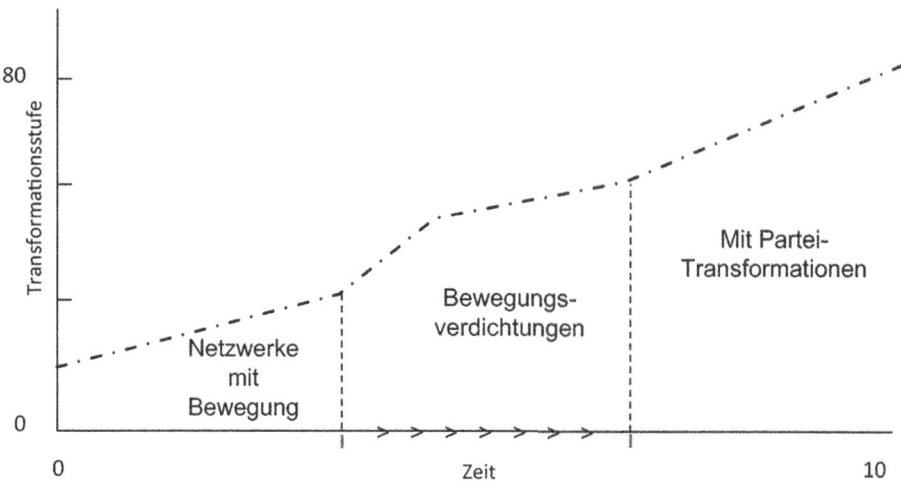

Abb. 11.5 Metamorphosen klimasolidarischer BGE-Bewegungen

a) Die Gründung einer Keimzelle zur Entwicklung einer Bewegung für die Einforderung eines substanziellen BGE;
b) die Kooperation einer solchen Keimzelle mit Umweltbewegungen wie FRIDAY FOR FUTURE insbesondere in Sachen Klimasolidarität;
c) das Zusammenwirken von fusionierten Bewegungen aus Ziffer a) und b) mit den für kulturfortschrittlichen Wandel offenen Abgeordneten oder sogar Parteien.

Die zuletzt angedeuteten Prozesse zeigt Abb. 11.5.

Literatur

Bode, T. (2018). *Die Diktatur der Konzerne* (S. 66 f.). Frankfurt: Fischer.
Bohmeyer, M., & Cornelsen, C. (2019). *Wie uns das bedingungslose Grundeinkommen verändert*. Leck: Econ Verlag.
Sprenger, K. R. (2007). *Vertrauen führt* (S. 11). Frankfurt: Campus.
Zielcke, A. (17. August 2018). Illiberale Demokratien, vormundschaftlicher Absolutismus versus (demokratischer) Politik. *Süddeutsche Zeitung, 188*.

Epilog 12

In seinem 2019 erschienenen Werk *Klare, lichte Zukunft* entwickelt Paul Mason seine Problemsicht zu einem Teil des oben beschriebenen Problemlösungsbedarfs. Für diesen macht er vor allem ein „Bündnis ethnischer Nationalisten, Frauenhasser und autoritärer Politiker" verantwortlich. Als Einstiegsdroge zu deren Versuch, die universellen Menschenrechte zu zerstören, sieht er rückblickend die Ideologie des freien Marktes in der Auslegung des Neoliberalismus. Eine Heilung der daraus inzwischen erwachsenen Dystopien kann laut Mason nur noch durch „ein Netzwerk […] bewusst handelnder menschlicher Wesen […] [in] einem globalen, ethischen Rahmen" gelingen. Er nennt dies Radikalen Humanismus.

Mason entwickelt seine zuletzt skizzierten Schlussfolgerungen auf der Grundlage enorm fleißiger und scharfsinniger, philosophischer Reflexionen, und dies stets in abstrakten Sphären. Was wir zur aktuellen Problembewältigung benötigen, sind jedoch auch und insbesondere konkrete und sofort umsetzbare Entscheidungshilfen. Dafür vermittelt selbst nach hundert Jahren die 1919 von dem Philosophen und Anthroposophen Rudolf Steiner initiierte *Dreigliederungsbewegung* sehr viel umfassendere sowie konkretere und nicht zuletzt dadurch auch tauglichere Grundlagen. Über diese fordert Steiner neben vielem anderen einen Wandel der Marktwirtschaft durch eine Trennung von Arbeit und Einkommen zu einer assoziativen Wirtschaftsordnung. In dieser kann und darf der Mensch nicht wie eine Ware gehandelt und als solche bezahlt werden. Ferner sollen in dieser Wirtschaftsordnung Produktionsmittel nicht vererbt werden können. In einem solchen Kontext hören sich die jüngsten Sozialisierungsthesen von Kevin Kühnert, wenngleich im Prinzip auf unsere Verfassung und ansonsten wohl auch auf Karl Marx gestützt, durchaus erwägenswert an.

Mason und Kühnert haben zumindest eines gemein: Sie lehnen das dem Marktradikalismus zugrunde liegende Eigennutzaxiom ab. Für sie, wie im Übrigen auch für Steiner, ist der Mensch zumindest unter gewissen Voraussetzungen auch zu solidarischem und letztlich gemeinnützigem Handeln fähig. Dies zumindest beweisen offenkundig mutige Persönlichkeiten wie Graf Stauffenberg und andere Widerstandskämpfer, die ihr (privilegiertes) Leben bestimmt nicht aus eigennützigen Motiven riskierten. Ähnlich unzulänglich zur Realitätserkenntnis ist das in den Wirtschaftswissenschaften immer noch dominierende Rationalitätsaxiom. Immerhin plädiert der langjährige Leiter des Kieler Weltwirtschaftsinstituts dafür, die Stimme der Vernunft durch eine der „Fürsorge" zu ergänzen. Daneben haben immer mehr Wissenschaftler gezeigt, dass die Hypothese für einen universellen Egoismus unhaltbar ist.

Dennoch spielt der Egoismus in der Realität eine wesentliche und leider oft auch gesellschaftlich wie ökologisch zerstörerische Rolle. Solche Art von Gefährdungen vermag die von Adam Smith vor mehr als 200 Jahren beschriebene „Unsichtbare Hand des Marktes" keinesfalls ohne Weiteres auszugleichen geschweige denn automatisch abzuwehren. Letzteres wird eindrucksvoll durch das ebenfalls unsere Demokratien bedrohende Zeitungssterben bewiesen, welches über unkontrollierte Social-Media-Märkte auch mittels oftmals wahrheitswidriger Fake News über werbewirksame Echokammern des mobilen Internet vorangetrieben wird.

Angesichts der bereits in der Einleitung beschriebenen Bedrohungsszenarien sollte es uns nunmehr endlich – wann denn sonst noch (?) – möglich werden, der Solidarität in unserem Lande mehr Entfaltungsgrundlagen anzubieten. Dafür ist, wie ich mir wiederholt zu bemerken erlaubte, das substanzielle BGE, samt der damit impulsierten Klimasolidarität, nicht alles. Aber alles andere ohne dieses nichts.

The manufacturer's authorised representative in the EU is Springer Nature Customer Service Centre GmbH, Europaplatz 3, 69115 Heidelberg, Germany. If you have any concerns regarding our products, please contact ProductSafety@springernature.com

Printed and bound by CPI Group (UK) Ltd, Croydon, CR0 4YY

25/03/2026

02078197-0019